大 中 原 文 化 读

戏曲中原：
一曲水袖
的行云流水

《大中原文化读本》丛书编委会 编

文心出版社
·郑州·

图书在版编目（CIP）数据

戏曲中原：一曲水袖的行云流水 /《大中原文化读本》丛书编委会编. —郑州：文心出版社，2018.3（2019.1重印）

（大中原文化读本）

ISBN 978-7-5510-1266-9

Ⅰ.①戏… Ⅱ.①大… Ⅲ.①散文集-中国-当代 Ⅳ.①I267

中国版本图书馆CIP数据核字（2016）第091224号

《大中原文化读本》丛书编委会人员名单
（按姓氏音序排列）

白军峰	陈传龙	陈　洋	陈光福	陈晓磊	成　城	崔运民	董素芝
段海峰	郭良正	郭艳先	韩晓民	郝淑华	侯发山	胡　泊	贾国勇
李　涛	李　颖	李俊科	栗志涛	刘树生	刘永成	逯玉克	骆淑景
马维兵	石广田	睢建民	孙　兴	王　剑	王　涛	王剑冰	王永记
武冠宇	姚国禄	易怀顺	张超我	张充波	张俊杰	张树民	张相荣
赵长春	郑长春	庄　学					

选题策划：齐占辉
责任编辑：齐占辉
责任校对：侯　果
装帧设计：青禾设计　李莱昂
出 版 社：文心出版社
　　　　　（郑州市经五路66号）
发行单位：全国新华书店
承印单位：北京博海升彩色印刷有限公司
开　　本：710×1000　1/16
字　　数：300千字
印　　张：12
版　　次：2018年3月第1版
印　　次：2019年1月第2次印刷
书　　号：ISBN 978-7-5510-1266-9
定　　价：42.00元

王剑冰／序

王剑冰，河南省作家协会副主席，河南省文艺评论家协会副主席，河南省散文学会会长，中外散文诗协会副主席，曾任《散文选刊》副主编、主编。

透射历史辉煌 展现中原文明

河南人爱说"中"，为什么？有人说，"中"就是因为中国姓"中"，中国的中就在中原，中原在中国之中，中原在黄河之中，中原人干事儿没有说不中的。有地方说"对"，有地方说"是"，有地方说"行"，有地方说"要得"，都没有"中"听着来劲儿、瓷实、肯定。"中"是民族味儿，"中"是中原风。

中原无论是过去还是现在在中国都是常住人口最多的地方，说明什么？说明中原是最宜居之地，人们喜欢往这里集中。得中原者得天下，中原一占住其他事情就好办了。你没见一条大河流经九省区，波澜曲折，唯到中原变得漫漶壮阔，山峡中憋屈的风，一遇广阔就尽情尽性。中原给了一切生物以一切可能。没有哪一个地方被那么多的游子称为"老家"，出了中原你随便问，总能遇到河南人。中原人爱唱戏，声腔沉郁豪放、婉转悠扬，能拉魂曳魄、惊天泣神。中原人待客都喜用大杯大碗，从来按头等大事对待。中原人爱吃面，能吃出七十二花样，耍出十八般武艺。中原人有愚公般的实在，也有老子样的智慧。在中原，你随便走一地，都会同历史、文化、文明相通连。无数人物、无数遗迹、无数传说使得中原自显博大，沉厚深浑。

我所居住的地方，不远有座版筑土城，上面长满荒草和野木，冬天的时候铺满皑皑白雪，从高处看像一条银色长龙，逶迤折向很远。春天又开满了野花，说不清的芬芳随处荡漾。这就是郑州的商代都城遗址。渐渐地，我越来越知晓郑州的一些细节的东西。在城墙的一个角落，有标志是"李诫故里"，李诫是谁？一查资料方知此人了得。我还寻找过李商隐在郑州古城墙附近的居所，以及他常登临并赋诗的夕阳楼。那首诗后来被刻石而名扬天下："花明柳暗绕天愁，上尽重城更上楼。欲问孤鸿向何处，不知身世自悠悠。"我站在一片古城废墟上，面对西下的落日一阵感慨。我去找寻过陈胜故里，年代久远，只有一点可以追寻的痕迹，那是在阳城也就是现在的告成的老墙围子里。我当时一阵惊喜，那个辍耕之垄上怅叹久矣、怀有鸿鹄之志搅乱历史风云的猛士,竟然是郑州登封人。还有黄帝、子产、列子、韩非、杜甫、郑虔、白居易、申不害、郑国、高拱、许衡、李商隐……也都是郑州人。这是一个怎样的队列啊,这些风云人物,竟都在一个地方聚齐了,他们之中有中国历史上最伟大的政治家、军事家和文学家,由他们串起来的故事,可以说就是半部中国史。

我出郑州,刚过了圃田的高架桥,就看到一个"列子故里"的牌子,牌子虽然不起眼儿,但让我猛一激灵。列子何等人物?那个讲说了《愚公移山》《杞人忧天》《郑人买履》等故事的"寓言大王"原来就在这里!而他的主要创作来源,大都是取自中原的生活与传说。我经过光山,才知道司马光是在光山出生,司马光的"光"就是取自"光山"。我一直没有到过获嘉,到那里才知道有个同盟台,武王伐纣时曾在那里会盟然后展开的牧野大战。去偃师,本来是去看二里头遗址的,在一个学校的角落发现一堆土,荒草蓬茸,颓然不堪,里面掩埋的竟然是吕不韦。

因为地处中国之中,中国八大文明古都,中原就占了四个。《诗经》三百篇,一半以上内容都与中原有关。中原地下文物堪称第一。这么说吧,你到中原游走,无论顺哪个方向都不会让你失望。咱们就从郑州往东西两线说说,往东,中间经过官渡,那是历史上有名的官渡大战的地方,然后是中牟,中国的美男子潘安的老家,再说开封话就多了,再往东有朱仙镇,有老子故里,有花木兰故里,有芒砀山(汉高祖刘邦斩蛇起义的地方)。再有商丘,里面的历史也能让你流连忘返。那么拐回头再往西去,又会有邙山历代陵园,其中就有宋陵,有杜甫故里、二里头文化遗址,洛阳更不用说,洛阳往西到三门峡,还有老子走过的函谷关。这只是差不多顺两条直线说一说,如果论片说就更多,还有南面北面呢,可以说哪条线都串联着无数辉煌的珠玉。

到底中原有多少好?我这里不细说了,那么看看这八卷书吧,看完再告诉我你的感觉,你一定说我没有妄言。我感觉,文心社出这套书是大手笔,数百位热心文友参与撰稿写作,以随性、自由的笔法,以极具个人成长印记的独特感受,来写中原传统文化,构成宏大的一套可供参考、学习、欣赏的"大中原文化读本"。这套书按照编者的说法,是把被史学专家、文化学者把玩的中原文化,以文艺范儿的通俗化理念,搞出来美食、民俗、戏曲、寻根、问宗、故都、古镇、非遗八个分册,每个分册选取中原文化的一个独具特色的亮点,是想展现中原生活风俗,体现中原人文精神,传承华夏文明,突出正义与精神,追求向上向善的力量。这就有意思了,也算是文心出版社精心打造的文化盛宴。

中原正在发生着变化,而且是很大的变化,这或许同你的印象或概念不大一样了,这些不一样,在这些书中也有反映,总之这些文字会给你带来回味和惊喜。这也是在多个方面给你引出了一个参观线路,就像一个增乐趣、长知识的导游图,在导游图上你可以随意找出想看到的那些细部特征。实可为旅途伴侣,枕边挚爱。这样,中原人会对家乡有更多的了解、自豪和自信,外地人也会对中原有更多的感慨。如此,当是我们为之满足的,快乐的。

王剑冰于郑州形散庐

丛书编委会 / 序

邀您共赴
这场中原文化的饕餮盛宴

无论是为新书推广，还是为最确切地表达我们内心最真实的激动，我们都为这套"大中原文化读本"书系想象了很多的广告语。无奈，我们这些河南人都过于朴实，也不好意思说些太过花哨与夺人眼球实际上却早已失去了事情原本面庞的"豪华"字眼儿。最终，我们只是就这样掩去自己太过激动的内心，带着满怀的诚挚与真情，道一声：四百多名河南老乡，邀您共赴一场关于中原地区传统文化的饕餮盛宴，您约不约？

写这篇编委序时，恰是2016年的立夏。此刻，"大中原文化读本"全套八本书的内容已全部定稿，责任编辑也为它们申请了书号，它们正大光明的、合法的"身份证"也即日将由国家新闻出版总署发放到位，我们的内心又该如何不激动呢？回想一下这套书的成书历程，我们又该如何不感慨良多呢？从2014年年底，到2016年的立夏日，这个中的曲折、努力、激动、欢喜、欣慰……又怎是一个"好事多磨"能解释得了呢？

从一开始，"大中原文化读本"的策划方向，即是为河南省、中原地区优秀传统文化立传立言，发动所有能够以文字代言、表达真实内心的河南老乡，无论是作家还是文友，无论是"术业有专攻"的专家、学者，还是名不见经传的普通乡民，用文字来一场关于中原传统文化的"集体回忆"。让为生计而远离中原故土家园的河南老乡们，有这样的一套书以解乡愁；让对河南人有误解的外乡人，通过这样的一套书来深刻认识中原地区优秀、灿烂的文明，以及河南人至情至善的人格内核。

因着这样的大志向，2015年年初，征稿伊始，"大中原文化读本"便引起了河南文化界的极大关注。有知名作家把自己正在整理、打算出版的整部书稿都直接发给我们，让我们随便选用，从始至终连稿费多少都未曾问过。普通文友也是热情高涨，有文友大笑着说"作为一个土生土长的河南人，中原文化的盛事又怎么能少了我呢"，继而一篇接一篇地把稿子投给我们。征稿六个月，我们共收到来稿七千多篇，至于其中有多少河南老乡甚至省外作家、文友参与进来，我们无法做出精准的统计。虽然，因为图书版面有限，编委会从这海量的来稿里优中选优，敲定了八本书的全部内容，最终仅选用了四百多篇，但是，我们依然可以任性地说：这套书至少是河南老乡共同创作的，我们实现了"河南老乡集体回忆"的初衷。

截稿之后的2015年下半年，我们开始既紧张又欢欣的选稿阶段。之所以紧张，是因为投了稿子的作者们急切地想要知道自己的作品是否被录用而每每催问；是因为关注"大中原文化读本"的老乡们一直在催问什么时候见书；是因为我们自己怕漏过每一篇佳作，怕一丝一毫的不负责任就无法做到把中原文化的最美面貌呈现出来，毕竟，正像翘首以盼的读者所说的那样："这套书势必会成为河南文化的一张名片，甚至是脸面。"我们又怎敢掉以轻心？

之所以欢欣，是因为我们这些人虽然冠以"文化人"的名号，到底是不敢妄言什么都懂什么都明了的，而恰恰是在边读边选稿件的过程中，对中原文化知识进行了恶补。能学习到新的文化知识，让人如何不欢欣？另外，还是因为在选稿读文时，我们往往会发出"当年我也经历过"的感叹，那似曾相识，那有着共同的中原文化背景的乡愁情结，在文字间得到了共鸣，获得了纾解。能亲切到彼此像共同成长、一起生活的伙伴一般，让人如何不欢欣？

《美食中原》——我们流着口水，回忆着母亲做的咸菜疙瘩和蒸卤面的香甜在看；《民俗中原》——我们回忆着很多习俗尚且还在时日子艰难却家庭温馨、乡邻和睦的童年往事在看；《戏曲中原》——我们伸长了耳朵，听着马金凤威武的"辕门外，三声炮"，听着唐喜成嘹亮的"风萧萧马声嘶鸣"，听着任宏恩让人忍俊不禁的"月光下，我把她仔细相看"，于乡情乡音乡戏的沉醉中在看；《故都中原》——我们忍着被文字撩拨得几乎要夺门而出，来一场说走就走的故都之旅的冲动在看；《寻根中原》——我们带着对自己的祖上的追根问底，带着对老宅旧屋的浓得化不开的乡愁在看；《问宗中原》——我们沐浴着深山佛寺的清净之味、函谷关道家的自由之风在看；《古镇中原》——我们是看几篇文章就被文字吸引了，带着非要去那些散布在中原地区的文化名镇、传统村落里走走看看的回归感在看；《非遗中原》——我们带着对很多先辈留给我们的民间文化精粹几乎今已不见了踪影的遗憾，以及部分得到了重视、发掘且被继续传承的欣慰在看……

而当您来赴这场关于中原文化的饕餮盛宴，把这"八大件"的套餐拿在手中的时候，您又会如何看呢？

辛苦不再赘言。感谢所有曾给予"大中原文化读本"支持与帮助的人们。感谢上苍，让我们有这样一个共同赴"宴"的机会，约不约？等您，不见不散。

《大中原文化读本》丛书编委会

目录 | 戏曲中原：
一曲水袖的
行云流水

角儿风采

寂寞的阎立品 / 2
我所知道的桑振君大师 / 6
牡丹著花无丑枝 / 10
我舞台生涯的起步 / 13
世界上永远有个常香玉 / 16
我心目中的申凤梅老师 / 18
我与申凤梅的姐妹之情 / 22
永远的小包公，永远的拜金荣 / 24
小苍娃是个怎样的少年 / 28
表兄唐喜成先生的戏缘 / 33
"曲剧皇后"在开封 / 38
《人欢马叫》与任宏恩 / 41
角儿 / 44
梨园武生 / 46
豫韵 / 48
戏神 / 50
戏痴 / 52
许长庆和小天兴班 / 54

多样剧种

豫剧 / 58
梦断河南戏 / 63
河南的曲剧 / 68
冰心先生和河南曲剧 / 70
有谁在挽留 / 72
越调，我怎么爱你 / 77
我的越调缘 / 81
"道"尽心中那片"情" / 85
油梆戏 / 89
怀念南阳鼓儿哼 / 92
千年大弦奏古音 / 94
父亲的怀梆时间 / 96
最后一个淮调演员 / 100
一人一琴一世界 / 104
锣卷戏 / 108
乡村里的鬼戏 / 111

戏迷乐园

乡村戏剧 / 118
老侯说戏 / 122
看社戏 / 126
唱大戏 / 132
听戏 / 137
老家的戏园子 / 142
游园·戏班·乡音 / 144
陪奶奶听的最后一场戏 / 147
考剧团 / 150
张新芳的陈三两 / 153
爱唱戏的小女孩 / 156
我是梨园追梦人 / 158
许昌人的戏情和戏韵 / 160
父亲的豫剧父亲的鼓 / 162
花旦二姐 / 164
行者 / 168
岁月留声——一个戏曲编辑的工作手记 / 172
笑品《三哭殿》 / 177
人也留来地也留的《朝阳沟》/ 180

角儿风采

所有在舞台上流光溢彩的戏剧的角儿，都曾经有过不堪回首的成长过往。或许正是这种曾经的不幸给予了他们扎根民间的勇气和用心拥抱普通大众的情怀。让我们走近这些大大小小的角儿，品读他们的成长故事，聆听他们最美的唱段……

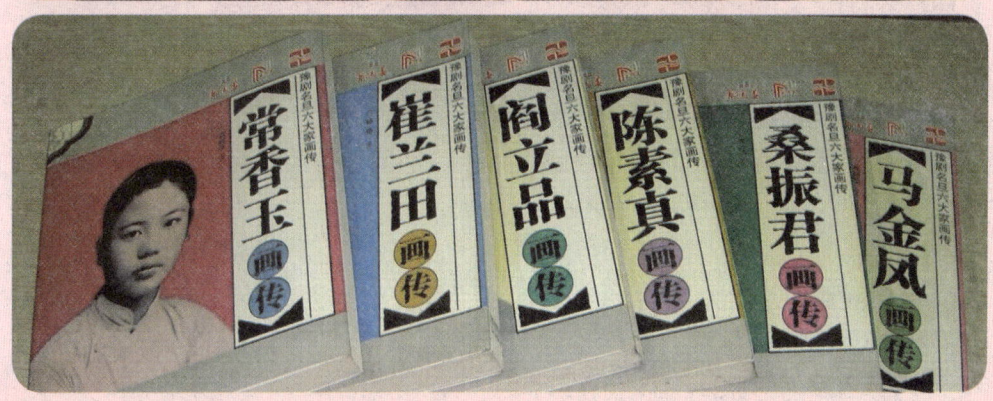

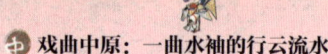

戏曲中原：一曲水袖的行云流水

寂寞的阎立品

孙 兴 | 文

那是深冬的一个上午，天阴沉沉的，东北风不住地吹，尖厉而砭人肌骨。坐在车上，我的脚冻得木木的，像赤裸着脚站在冰块上。

汽车驶出县城南门，沿着一条乡间公路，向南踽踽地爬行着。

天地间，灰蒙蒙的一片，远远近近落寞的原野、一线黛色的村庄、寥落的树木，都瑟缩在沉沉雾霭中。不一会儿，飘起了雪花，像夏夜灯光下翻飞的蚊蚋，又像秋天里芦苇的白英。雪粒儿撞击在汽车的挡风玻璃上，沙沙有声。

省、市两级组成的"平坟扩耕督导组"来到县里实地察看，看看下边是否在走过场、应付差事。

督导组组长老张是个不折不扣的戏迷。他对豫剧的钟情，达到了如醉如痴的地步。在宾馆房间看电视，一律的戏剧频道，《梨园春》节目一期也不放过。早晨起来散步，MP3挂在耳朵上，不用问，听的是常香玉。坐在汽车里，音响无一例外的是李斯忠那高亢嘹亮的唱腔，他也不管人家烦不烦。我不喜欢豫剧，偏执地认为，没有多少艺术性可言。但这丝毫不影响老张对我喋喋不休讲解豫剧的兴致。他能对豫剧名角如数家珍，也能把陈素真、马金凤、崔兰田等人的拿手好戏一一罗列，此外还知道许多鲜为人知的奇闻逸事。

汽车爬上了蜿蜒的黄河大堤，终于在黄河大堤U形湾子里一个几十户人家的小村庄前停下来。

老张是个对检查平坟扩耕工作极其认真的人。"越是偏僻的地方，就越容易留死角。"老张说。

小村庄偏僻孤寂，围墙低矮的民宅散落在一片小树林中，窄窄的小街将村庄一分为二。三根电线杆将电线从村东扯到了村西，中间一根电

【作者简介】

孙兴，笔名"黄痴人""白汀"等，自号"晨露斋主"，河南封丘人。中国散文学会会员，河南省作协会员，河南戏曲学会会员。出版有散文集《蓦然回首》《文化感悟》，长篇小说《天光云影》，杂记《陈桥兵变史话》，豫剧伶人传记《封丘艺苑撷英》等。

线杆的顶端捆着两只喇叭。小村四周是一个个毗连的池塘，结着薄薄的冰。池塘外则是稻田方方片片。

蓦然，督导组发现村北不远的稻田里矗立着两通墓碑。

老张立马阴沉着脸说："怎么样？汇报时说得义正词严天花乱坠，事实上呢？你们说全县所有墓碑都已放倒砸烂，这两通碑做何解释？"

我忙招呼随行的民政局的同志拿出县域地图来，找了好久，才确定这个深藏在黄河湾里的小村的方位。它叫"仝蔡寨"。

民政局的同志对老张说："这两通墓碑的情况比较特殊。我们请示过上级，特批允许保留的。"

"什么特许保留啊，难道是国家文物不成？"老张带头跳下车，我们裹了裹身上的大衣，也跟着下车。走下小柏油路，跳过一条结冰的小河沟，田埂上深一脚浅一脚，走向那两通墓碑。

这是两座传统样式的碑楼。碑楼的底座用砖石垒砌，碑帽儿上边粘贴着紫红色琉璃瓦。两座碑楼比肩而立，西边一通石碑正面用隶书写着"先父阎彩云之墓"，落款是"不孝女阎立品敬立"，背面密密麻麻地写满了省豫剧界名流的名字；东边的石碑，正面上书"豫剧大师阎立品之墓"，下方镌刻着她的生前好友及徒弟们的名字。

督导组组长老张呆了。"阎立品？哪个阎立品？"

"中国还能有几个堪称豫剧大师的阎立品啊？"

是那个年仅10岁就投奔开封义成班，拜豫剧名家杨金玉为师，12岁就挂牌演出《咬箭头》《烈火旗》《玉虎坠》等二十多出戏的阎立品？是那个为了不给日本侵略者演戏，豆蔻年华毅然削发，女扮男装隐匿民间，展示了崇高民族气节的阎立品？是那个"学艺先学艺德，立艺德先立人品"的阎立品？老张感叹道。

老张说：阎立品的一生，是富有传奇色彩的一生，也是颠沛流离的一生。她本应在豫剧发展史上有更多的建树，但生性倔强、宁折不弯的性格，使得她一生多灾多难、屡遭坎坷。

早年，面对地主、恶霸、流氓恶势力的纠缠，她敢于说"不"，以"葱姜蒜腥从不入口"为由拒绝为他们演戏。

1957年，她被打成了"右派"，当勤杂工，接受劳动改造，受尽了屈辱。

"文革"期间，她再次遭到冲击，"浩劫"结束，人已到了垂暮之年，想重整旗鼓，已是心有余而力不足了。

阎立品的拿手好戏是演唱婚姻爱情悲剧，而阎立品一生的命运同样是一部令人扼腕落泪的悲剧。她用秦雪梅、崔莺莺们演绎了自己的悲剧人生。

有不少人替阎立品惋惜，倘不是孤傲不屈的性格，她的晚境不至于这样凄寒。不过，那她就不叫"阎立品"了，就不是那个"立身不使白玉玷，品高当与青云齐"的豫剧"闺秀之花"了。

雪渐渐地下大了，像撕碎的棉絮从灰蒙蒙的天空飘摇而下，阎氏父女杂草丛生的坟头上，覆盖了一层薄薄的白雪。

"她怎么会安葬在这么一个偏僻荒凉的所在？"有人问。

"听说是遵从逝者的遗愿，回归魂牵梦绕的故里，安葬在父母身边。"

1921年冬，阎立品出生在这个叫"仝蔡寨"的小村庄一个孤门独户的梨园家庭。父亲阎彩云，是著名豫剧旦角演员，号称祥符调"四朵云"之一。受其父熏陶，阎立品自幼颇具艺术灵性。她10岁时离开家乡，踏上了漫漫的从艺之路。从此，她的命运轰轰烈烈，寂寂寥寥，大起大落，大喜大悲，荣荣辱辱，沉沉浮浮。直到73岁那年，她才孑然一身，拖着病弱的身体叶落归根，回到了生她养她、给了她一副好嗓子的黄河岸边这片深厚的黄土地。次年，这朵永不衰老的豫剧"闺秀之花"，带着对戏剧事业的无限眷恋，带着对故乡父老的无限深情，陨落在故乡寂寞的原野上。

"质本洁来还洁去……"我想到了林黛玉的《葬花吟》。

"走吧，咱们到她的故居瞧瞧吧。"民政局的同志说。

回到车上，汽车音响里便传出了阎立品的唱腔：

哭一声商公子，我还叫、叫一声商郎夫啊，哎，我的商郎夫啊。秦雪梅见夫灵悲声大放，哭一声商公子我那短命的夫郎……

景萧萧，风淅淅，雨霏霏，对此景怎忍分离？仆人催促，雨停风息日平西。断肠何处唱《阳关》？……

雨儿乍歇，向晚风如漂冽，那闻着衰柳蝉鸣凄切！未知今日别后，何时重见也。衫袖上盈盈，揾泪不绝。幽恨眉峰暗结。好难割舍，便纵有千种风情何处说？……

仝蔡寨村唯一的一条小街上，静悄悄地阒无人迹，单觉雪落有声。在闻讯赶来的乡干部的引导下，我们找到了村支书。村支书五十多岁，黑黑的，胖胖的，听说我们想看阎立品故居，他憨厚地笑了。

"没啥可看的，啥也没有！一点儿值钱的东西也没有。"村支书说，"一个唱戏的，能有个啥？"

"她家里还有人吗？"

"郑州、开封有她的亲人，老家一个也没有。她离家年数太久，60岁以下的人都不记得她了。有一年村里修路，我到郑州找过她一次。"

"阎立品认不认识你？"

"说透了，认识。"

"募到捐了吗？"

"募到了，不多……对她，咱不能讲钱多少。多少都行，给一分钱是个单儿，给两分钱是个双儿。人家没把老家的情分忘了就不错啦！再说，她又不是在外做了什么大官儿，也不是什么明星大腕儿。一个唱戏的，孤身一口，还不够可怜人的呢。"

村支书带我们七拐八弯，在一民宅前驻足。这就是一代豫剧大师阎立品的故居。

没有围墙的院子里，杂草丛生，荆棘昌茂，一棵百年枣树半生半枯，在寒风中诉说着沧桑。几间平顶老屋，还是上世纪70年代的建筑，如今墙体斑驳，门窗腐朽。

村支书试遍了身上所有的钥匙，勉强将房门打开。门启处，一股子陈年的潮湿发霉的气息扑面而来。

人去室空，空荡荡的老屋里缀满了蛛网与尘埃。几件残破不堪的老式家具，像忠实的仆人立在墙角，却再也等不到女主人的归来。

村支书说，多年来，村里没有办公场所。阎立品去世后，老屋一直没人住，闲着也是闲着，我们就把村委会搬来了。

立柜顶上搁着一块镜框，拂去尘土，端庄秀美、面带微笑的阎立品清晰地显现出来。这幅彩照是于1992年河南省文化厅为阎立品举办的从艺60周年大会上拍摄的。照片上的阎立品，尽管已71岁高龄，但顾盼之间风采不减当年。

如今在老屋里，只有这张照片默默无语地守望着故乡的日出日落、晨昏交替。

但我们都坚信一点，大师将一座蔑视封建传统礼法、我行我素追求个性自由的叛逆女性的口碑，一座物我两忘、献身戏剧艺术的风范之碑，永远矗立在了滔滔奔流的黄河岸边。

雪越下越大，渐渐地掩去了来时的路，天地间一片洁白。

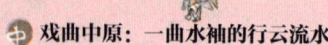

我所知道的桑振君大师

刘永成 | 文

【作者简介】

刘永成，河南沈丘人。自幼酷爱戏曲、文学。因鼻窦炎学业未成，在上海打工。在《河南戏剧》《东方艺术》发表戏曲文章数篇。

我对桑振君大师和她创立的桑派艺术知之甚少，当初只是从《豫剧艺术总汇》一书，及河南广播电台的《戏迷乐园》节目里了解了一点。2002年8月的一个下午，我和往日一样守候在收音机旁，等待着收听河南广播电台文艺广播（今戏曲广播）的戏曲访谈节目《生旦净末丑》。正巧那天主持人木子电话采访的是正在许昌教戏的著名豫剧表演艺术家桑振君老师，桑老师声音洪亮浑厚，十分健谈。这是我第一次听到她的声音，她说两个月后将回邯郸。随后我向著名豫剧表演艺术家王素君老师要了桑老师的电话。10月16日中午，我拨通了桑老师家的电话，那端传来了浑厚洪亮的声音，我一听便知是她了。谈起去许昌教戏，她说苗文华本是她的关门弟子，关门之后不再收徒。2001年河南河北两省戏剧会演时，时任我们河南省文化厅厅长的孙泉砀说："你把光和热都发在了河北，也应该把余热发在河南，再培养两个青年演员。"盛情难却，于是她在关门之后又收下了许昌市豫剧团的常俊丽和河南省文化干校的宋凤丽。得知我是一位酷爱戏曲和文学的农村青年时，她却出乎我的意料，直言不讳地对我说："你应以工作为重，工作搞好了再来关心戏曲也不迟。无论我有什么优点缺点，你说出来我都不生气。"

2003年3月21日，在郑州植物园举行的河南戏曲名家演唱会上，我终于见到了时年74岁的桑老师。她身形娇小，头发花白，身着深红色棉袄，系一条蓝丝巾，戴一副茶色眼镜，看上去十分消瘦，手上暴露出青筋，但精神矍铄，步履稳健。她是携弟子赵贞玉及孙子、外孙四人一起来郑州的。由于她嗓子已坏，不能演唱，只是在台上讲了一段话。随后赵贞玉演唱了《打金枝》《桃花庵》两段戏。我们合影留念，桑老师还送我一张黑白老照片,那是1982年关灵凤老师应邀到河北邢台教戏时与她的合影。也就是在这次演唱会上,我生平第一次见到了桑振君、王素君、关灵凤、张新芳、胡希华、拜金荣、华凤英、崔小田等名家名角。

4月,桑老师再回河南。10日、11日做客河南经济广播电台《戏曲名人》,回忆其凄苦的童年、学艺的艰辛及难以割舍的乡情。她说在邯郸生活了40年,路倒没记住几条,郑州的路却记住了不少。那天我还做了笔录:

桑振君,1928年农历的腊月二十六生于河南开封县,乳名"小隋"。父亲桑志亮、母亲付志荣都是漂泊穷困的河南坠子艺人。当时的规矩是不拜师不能拿简板唱坠子。为了生活,师爷孙明先只好让她拜母为师,取艺名"桑立花"。母亲对她要求非常严格,一字一句地教,尽力给她艺术上的熏陶。能唱上几句的时候,她便和哥哥一起要饭去了,哥哥拉弦她唱戏。讨饭的日子非常凄苦,白天要饭,晚上睡在破庙里、车屋里,有时还睡在蒸包子、炸丸子的锅炉里。先把锅端下来,再把火扑灭,然后睡在锅炉里取暖。9岁时,父母被日本鬼子杀死,当时她和哥哥在外讨饭幸免于难。大姑家的表哥就到她和哥哥要饭的几个村子去找他们,告诉他们家里出了大事,不能回家了。他们只好去投奔师爷,师爷病了,哥哥再次出去要饭时被日本人抓走,逃跑时也被杀害了。没过两天,师爷连病带气也死了。自己只会唱不会拉怎么办?迫于生活,无奈她孤身一人投靠了杞县谢明顺母亲的豫剧班社,改唱豫剧。坠子的调门儿低,改唱豫剧就搭不上调了。于是别人喊嗓时,她也跟着喊,还到后台找老师求教。在戏班里,她吃尽了苦头,受尽了折磨。吃饭时她要先给别人去打饭,最后

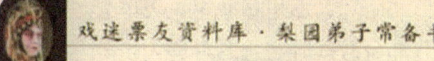

才轮到她自己。就连伙夫都看不起她，嫌她吃得多，说她个子矮，"你要能唱好了，我把眼都剜了"。还有人用皮鞋踢她，致使她一生未曾穿过皮鞋，看见皮鞋就害怕，成了她心里烙下的一生的痛。

童年的悲惨遭遇、学戏的艰辛困苦，磨砺了她不屈不挠的性格。苦心人天不负，有志者事竟成。14岁时她便成了团里的主演，16岁初步形成了自己独特的风格。老师说她的唱腔新颖别致，又巧又俏。还有人说她犯了"多动症"。她仍不断探索学习，增加旋律，吸收其他剧种的艺术成分，创造性地运用了"偷、闪、抢、滑"和离调的演唱技巧，从而形成了她委婉细腻、字乖韵巧、百句不竭的演唱特色，深受大家的

喜爱。她的《对绣鞋》《桃花庵》《投衙》让人是百听不厌。周口市的戏友王红建就是一个十足的桑派迷，他说："桑老师50年代曾长期在周口一带演出，当年的老戏迷前几年还殷切盼望能再见她一面。"他向桑老师转达了戏迷们的心声。

此后，我和桑老师又通过几次电话，还在《梨园春》评委席上看到过她几次，穿的还是那件深红色棉袄。后来我外出打工，再也听不到家乡戏了。2004年9月我在上海与魏俊英老师通话时问其向桑老师学戏一事，她说："桑老师7月9日已逝世了，未能参加她的丧礼，非常遗憾。"魏俊英对桑派艺术敬慕已久，她认为桑派的《桃花庵》和崔派的《桃花庵》，各有千秋。在2003年

角 儿 风 采

的一次电话交谈中，我提起了桑老师，魏说她很想跟桑老师学戏，我把桑老师家的电话给她，取得联系后，桑老师也答应了她。她本打算等她一家亲戚的宾馆装修好后，把桑老师接到郑州，学习桑派艺术。可惜事未成，桑老师却驾鹤西去了。这对魏俊英、桑老师及桑派艺术都是一大遗憾。闻此噩耗，我再往邯郸打电话时，已无人接听了。听关灵凤老师说："桑老师患的是肺癌，发现时已是晚期了。"竟没想到，一年前一个身体还很健康的老人，就这样匆匆地走了。

豫剧名旦六大家画传

⊙齐飞 著

桑振君 画传

桑振君是以祥符调打的基础。她所创立的桑派艺术与常、陈、崔、马、阎艺术派系并称为豫剧旦角的六大流派。她曾长期在界首、周口、许昌一带演出。1964年从许昌到河北邯郸市东风豫剧团任教，辛勤耕耘40年，为豫剧的传播、推广做出了卓越贡献。她教学认真，成绩斐然。刘伯玲、赵贞玉、苗文华、常俊丽都出自她的门下，胡小凤、牛淑贤、赵吟秋都受过她的指教。她胸怀宽广，为了使苗文华广汲营养、博采众长，她还把著名豫剧表演艺术家陈素真、阎立品请到邯郸为苗文华教戏。桑派艺术早在邯郸扎根、开花、结果。生前她还获得了由文化部颁发的文化艺术终身成就奖，成为河北省获此殊荣的第一人。她还曾与崔兰田（饰窦氏）、马金凤（饰苏太太）合演过《桃花庵》（桑饰陈妙善），与唐喜成（饰商林）合演过《秦雪梅》（桑饰秦雪梅），与刘九来（饰田云山）、马金凤（饰田夫人）合演过《投衙》（桑饰胡凤莲）。

2006年，《豫剧名旦六大家画传》出版发行。2007年桑振君纪念邮票发行，河南大学成立桑派艺术研讨会，《桃花庵》（桑派版）还将拍成电影。时值桑老师逝世三周年之际，欣闻河南电台开辟纪念专栏，河南省文化厅、宣传部、戏剧研究院、河北省文化厅等在郑州联合举办了桑派艺术研讨会，荆桦、马紫晨、刘景亮、谭静波、王素君、吴碧波、苗文华等戏剧界知名人士出席了会议。苗文华率邯郸市东风豫剧团在郑州、开封、许昌举行纪念演出。若大师有知，也当含笑了。

转眼，大师已去三载。但在我的记忆里，她依旧是那样的亲切、朴实、谦和……祝福桑老师在天堂过得开心快乐！愿桑派艺术发扬光大，薪火代代相传！

戏曲中原：一曲水袖的行云流水

牡丹著花无丑枝

庞无比 | 文

看过豫剧影片《穆桂英挂帅》的人，大概不会忘记影片中那个气宇轩昂、雍容大度的三军元帅穆桂英的形象。这位巾帼英雄的扮演者，就是在豫剧界享有盛名的旦角演员马金凤。马金凤以她独到的艺术成就，曾被人们誉为"洛阳牡丹"。

马金凤1922年出生在山东省曹县一个贫苦艺人家里。她的父亲是有名的河北梆子演员。马金凤从6岁起就跟父亲学戏，7岁随父亲同台演出。当时，人们叫她"七岁红"。

马金凤8岁那年，父亲所在的戏班解散，又逢灾年，全家逃荒到了河南。可是到河南以后，生计依然没有着落，举家冻饿难度。马金凤的父亲实在养不活全家，终于含着一把辛酸泪，忍痛把唯一的女儿卖给了一个姓马的戏班班主。马金凤的名字就是从那以后叫起来的。

童年的凄楚、生活的艰辛，使马金凤过早地懂得了人世的冷暖。因此，在她幼小的心灵里，暗暗立下了一个志向：学好戏，演好戏，争取摆脱困苦的境遇。这样，在戏班的破落院子里，人们时常看见一个八九岁的小女孩，穿着破衣服，不畏严寒酷暑，日复一日地刻苦练功、吊嗓。后来，马金凤又先后拜当时祥符调知名艺人马双枝、管玉田、司凤英，以及豫西调知名艺人燕长庚、翟燕身为师，广泛学习了这些名家的精湛技艺。这些，都为她以后在艺术上的长足进步打下了坚实的基础。

在50年漫长的艺术生涯中，马金凤辛勤探索，勇于创新，把豫东调、豫西调和祥符调浑然一体地融会于自己的演唱之中。除此以外，马金凤还十分注意向其他剧种和其他优秀演员学习，不断充实和丰富自己的表演手段。比如，她从著名京剧表演艺术家程砚秋的水袖动作中获得有益的启示，而盖叫天的武生技艺又牵动了她的某种艺术构思。在马金凤的唱

【作者简介】

庞无比，中央人民广播电台文艺部戏曲组编辑。

角儿风采

腔里，我们还可以听到河南曲剧、河南坠子甚至京韵大鼓的旋律和韵味。由于马金凤不间断地、虚心地广收博采，并融化于自己的唱腔、表演之中，她的艺术日臻完美、多姿多彩，形成了独具风格的豫剧旦角表演艺术流派，蜚声洛阳，誉满中原。

《穆桂英挂帅》是马金凤的艺术杰作。在这出戏里，她为了塑造刚中有柔、柔中带刚，威武而又妩媚的女元帅穆桂英的形象，创造性地把青衣、刀马旦和武生的演技化用在穆桂英这一角色上，从而创造了"帅旦"这一独特的行当，在豫剧舞台上冠绝一时，堪称独步。这是马金凤对豫剧旦角表演艺术的一大贡献。

《穆桂英挂帅》是一出唱、做都很吃重的戏。从这出戏里，我们可以充分领略到马金凤在艺术上的高深造诣。她通过丰富的唱腔和多种表现技巧，把穆桂英不同的思想感情表现得十分真切和细腻。这出戏的第一场，穆桂英有一段感叹杨家遭遇的叙述性的"二八板"唱腔。这段唱，马金凤赋予了一种沉郁、苍凉和幽暗的色调，把暮年的饱经忧患的穆桂英对朝廷昏庸和奸臣当道的愤懑不平，以及无奈归隐的压抑心情曲曲传出。马金凤在唱腔上的功力，表现在她善于把握人物的不同情感上。对唱腔，即便是同一板式的唱腔，她都给予不同的巧妙处理，从而使自身的唱腔艺术瑰丽多姿，犹如七宝楼台，光华迸射，美不胜收，绝无刻板、雷同之感。比如《出征》这段唱，虽然也是一段"二八板"，但呈现的色彩和情绪与第一场那段"二八板"却迥然不同。这段唱的第一句"打一杆帅字旗飘飘荡荡竖在了空"，一开口就在"打"字上使了一个高亢、悠长的甩腔，"帅字旗"三个字则是用一个小腔轻轻带过。这样，就使得作为动词的"打"字格外突出，从而勾画了一个帅旗挥舞、三

军雀跃的火爆场面。这种场面，正是穆桂英53岁又挂帅出征时振奋心情的生动衬托。接着，唱腔又把"帅字旗"三个字重复了一遍，而这句重复的唱腔，却和前一次轻轻带过截然不同。唱腔在"旗"字上着力渲染，用了一个奔腾、激越的大甩腔，恰似天马行空。这样处理，不仅在行腔上和前一个"帅字旗"形成鲜明的对比，使得唱腔显得错落有致、起伏跌宕，而且由于突出了"旗"字，又勾画了另一个画面。我们仿佛看到：一个气宇轩昂、英姿勃勃的女元帅正在帅旗下号令三军。帅字旗就是穆桂英英雄形象的象征。由于马金凤对"打一杆帅字旗"这一句的反复咏唱和对唱腔的不同处理，《出征》这段唱一开始就把穆桂英暮年出征的英雄形象和不凡气度鲜明地勾画了出来，抒发了穆桂英"烈士暮年，壮心不已"的豪情壮志，具有先声夺人的作用和一唱三叹、回肠荡气的艺术效果。

马金凤的代表剧目是"一挂二花"。

戏曲中原：一曲水袖的行云流水

"一挂"就是《穆桂英挂帅》，"二花"是《花打朝》和《对花枪》。《花打朝》这出戏的唱腔，具有绘声绘色、传情达意的艺术魅力。戏中的程七奶奶是一个农民出身的女英雄。她性格粗犷、爽朗，不拘礼仪，而且还有几分天不怕、地不怕的冲劲儿，是个生来就不知道烦恼的喜剧式的人物。罗成的儿子立了功勋，罗夫人要请程七奶奶赴宴庆贺。程七奶奶听说以后，就心急火燎地打扮起来。这里，程七奶奶有一段唱。马金凤把这段唱处理得妙趣横生，闻其声，如见其人，活泼中透着火爆。特别是唱到"后堂里来了我"的"我"字以后，唱腔戛然而止。紧接着是一个夸张的、富有戏剧性的、脆亮的喷嚏，然后再接唱"王氏诰命"。这可以说是一个独具匠心的绝妙设计，它把程七奶奶爽快、豪放而又诙谐的性格特征和她无忧无虑的神态表现得惟妙惟肖、入木三分，称得上画龙点睛的传神之笔，令人拍案叫绝。

马金凤在《对花枪》里塑造的姜桂枝，是以老旦应工的女性形象，表现了马金凤多方面的艺术才能。在这出戏里，姜桂枝有一段长达一百多句的大段唱腔，这也是马金凤的精心之作。一百多句的唱词，如果处理不好，唱段有可能失之于单调和平板。马金凤从人物的性格和特定感情出发，对唱段做了细腻、妥帖的处理。在姜桂枝叙述身世的时候，运用了老旦沉稳、平和的唱法，以表现姜桂枝的老年持重；在姜桂枝回忆少女时代生活情景的时候，则巧妙地糅进了那种风趣、俏丽的唱法。在行腔中，又运用节奏变化和音色对比等手法，使得整个唱段玲珑活脱，虽然长但并不呆板，收到了声情并茂的艺术效果。同时，随着唱腔的行进，层层揭示了姜桂枝复杂的思想感情和丰富的内心世界。

马金凤是一位造诣很深，同时又具有强烈事业心的艺术家。50年来，她在艺术上孜孜探索，刻意求精，辛勤创造，不断开拓。她忠于豫剧艺术，热爱豫剧事业，而且爱得深沉、执着，并为之付出了全部心血。我国近代著名学者王国维在其《人间词话》中曾提出过治学的三种境界，其二是"衣带渐宽终不悔，为伊消得人憔悴"，意思是说做学问、成事业要有顽强刻苦、百折不挠的进取精神。我们把这两句词移赠给马金凤，不是也很合适吗？

我舞台生涯的起步

赵义庭 | 文

【作者简介】

赵义庭，豫剧生角演员。山东人。早前给豫剧大师陈素真配戏，后和常香玉合作演出。代表剧目有《南阳关》《八郎探母》《提寇》《黄鹤楼》《贩马记》《白蛇传》等。中国戏剧家协会会员，河南省剧协理事。

在旧社会凡是学戏的，几乎没有不是为生计所迫才硬着头皮来吃这碗饭的，我也是这样。早在我8岁初通人事时起，就和父母、两弟、一妹住在山东曹县火神台庙内，真可谓"房无一椽，地无一垄"，一家六口全靠父亲赵起云担挑卖稀饭为生。1926年家乡遭蝗灾，五谷不收，全家逃荒到商丘朱家集，住在老城北门外的破庙里，仍靠卖稀饭度日。不料屋漏偏逢连阴雨，父亲又染上了伤寒，一病不起。我们兄妹都年幼不懂事，千斤重担压在母亲一人身上。她是一个打落牙齿和血吞的坚强女性，为了一家老小，茹苦含辛，默不作声地早出晚归，把讨来的干馍剩汤分给父亲和我们吃。一天，母亲自外归来时，面带泪痕，两眼失神，手里攥着三块银元，后面跟了个陌生的男子。母亲哭着向刚满4岁的"老虎"（我弟的小名）说："孩子，你跟着这位大叔去逃个活命吧，也救你爹一条命。"说着那个人就要拉啼哭乱叫的小虎兄弟往外走。我上去抱住了弟弟，哭着哀求母亲说："我不叫卖老虎，他太小，要卖卖我吧。"母亲搂着我们两个哭得死去活来。忽然，母亲停住了哭，把三块银元往那人手里一塞，斩钉截铁地说："给，孩子我不卖啦，要死我们全家死在一块。"人贩子没法，只好走了。没过几天，母亲打听到了一个治伤寒的偏方，没花什么钱，就把父亲的病治好了。

这时，老家的蝗灾已经过去，我们就回到火神台庙，开始改卖豆沫。后来，家乡一带的人都叫我"豆沫小生"，盖因如此。

随着年龄的增长和生活的磨炼，我渐渐懂得：一个人要想在世上混碗饭吃，必须有一技之长，才能养家糊口独立生存。因此我常想学点专长，可是一个穷孩子家有谁看得起，学什么？跟谁学？碰了几次钉子

之后,我不由得灰心丧气,感到一切无望。谁知天无绝人之路,由于干卖豆沫这个小生意,需要经常到处赶会,免不了要多看几眼戏,日子一久,便爱上了戏。凑巧,在离火神台三十余里的李辛集,有个山东梆子戏班来演出,我借卖小吃之便,主动而殷勤地和他们搭讪接近,很快便认识了。听戏班的人说,他们三天换一次台口,常年在曹县境内演出。我就和父亲商量着说:"咱跟着戏班转吧,人家到哪儿唱,咱就到哪儿卖。"父亲没有拒绝。从此,我们就跟上戏班到处转。为了博得他们的好感,每逢一杀戏,我就把大盘包子、大碗豆沫添油加料地往台子上端,并有意地在台下放开嗓子高声叫卖。这样时间一长,我的行动引起了一位名为刘剑才的老师的注意。有一天,我又往台上送吃的,刘老师忽然对我说:"你的嗓子那么好,学戏吧。"我受宠若惊,二话没说,跪下就给他磕了个头,叫了声"师父"。这天正是末会,他给了我一把三弦说:"扛着,到寨外给你调调弦。"事成之后,我向老人说了实话,母亲又哭又骂地说:"你不想入老林啦?咱不能学戏!"父亲劝母亲说:"啥不是人学的呀,不比饿死了强?人家看得起他,就叫他学吧。"为了活下去,我14岁时便拜师学艺了。

平时在卖豆沫的空隙,偶尔看几眼戏,听几句唱,觉得扮得好看,唱得好听,啥都是好的,谁知到了戏班,竟如下了苦海。住的是破庙不说,晚上睡觉,18个小师兄弟盖了一条麻布面粗布里的大被子,里面装的尽是麦糠,铺的是一条大单子。因为地下潮湿,每人都长了一身脓包疥,成天搔着痒学着戏,每逢开戏前,人人都拿着一根秫秸篾挑脓泡,不下狠心一个个挑破,手不能化妆,脚不能穿靴,就不能演出,班主就不给饭吃。穿的是单、夹、棉三合一,即冬是棉,春秋改夹,夏改单。特别是戏班代代留下来的"戏是苦种,不打不成"的体罚制度,使得我们每天挨打、罚跪,如同家常便饭,令人不寒而栗。值得庆幸的是,我却遇上了一位好老师,刘剑才老师不仅文武小生演得好,而且爱徒如子,教戏认真,在未定行当之前,他先给我派了个《张奎拱地》中的杨二郎的角色。这是个以架子花面为主的戏,生角的戏不多,主要是想看看我是不是学小生的料。当时学戏的方法是老师坐在床上教,徒弟跪在地下学。刘老师教我先学4句唱词带上板路韵调,反复学了数十遍,挨了不少打,弄得头昏脑涨,两眼发黑,竟一句也学不囫囵。当时我想,学戏这样难,自己又这样笨,看来是戏饭难吃,还不如回去卖豆沫,想喊叫就喊叫,又不要板不要眼的。可是又一想,好马不吃回头草,这样败阵而归,咋有脸见父母、乡邻?想到难处,不由心酸泪下。刘老师知道我性子倔,平时很少落泪,这时见我哭得如此悲切,心里已明白八九,便温和地对我说:"万事开头难,你老师我以前学戏也跟你一样,'铁杵磨绣针,功到自然成',入了路、开了窍就好啦。今天就学到这儿,下去搁心里琢磨琢磨再学。"几句苦口婆心的开导,不仅坚定了我对学戏的信念,也为我后来献身豫剧事业起到了至关重要的作用。饮水思源,至今难忘师恩。

《张奎拱地》演出了,老师认为孺子可教,便确定让我学文武小生,并提出下个戏让我演《翠屏山》中的石秀。这是个武生行当中的重头戏,要用的基本功有一套单刀、两张桌子高的"倒提",一个过人的"陡嗑"快速小翻带提、硬抢背、扫堂腿带旋子等。这些功夫对一个初学者来说难度很大。老师问我:"敢不敢接?"我心里既兴奋又害怕,但还是毫不犹豫地应了一声:"敢!"老师说:"好!有志气,给你一年的时间,练吧!"从此,我在生活上对刘老师关心备至,经常为他干些事情,让他养好精神。在教戏上,老师对我是尽心尽力,从无倦容。赶场途中、演出前后,利用一切可以利用的时间,对我又说又比,不仅教我如何练功,还向我讲演戏的许多基本规矩,诸如化妆、穿箱、候场、想戏"四提前";头、脚、腰"三紧";反对笑场、瞟台、交头接耳等。总之,老师在教我苦练基本功的同时,还教我养成台风端正的良好习惯。他常说:"扎根儿不正到老歪。"这话我不仅牢记在心,严以律己,而且常向青年演员讲述,希望他们也能对自己提出严格的要求。

功夫不亏人,经过老师的认真教导和个人的刻苦钻研,原定一年学成的《翠屏山》,不到十个月便和观众见面了,而且一炮打响,不仅为老师增了光,自己也尝到了甜头,心里充满喜悦与自豪。

戏曲中原：一曲水袖的行云流水

世界上永远有个常香玉

王怀让 | 文

【作者简介】
王怀让，河南济源人。著名诗人。曾任河南省作协副主席。历任《河南日报》编委、高级编辑，河南省文联主席团成员。河南省德艺双馨艺术家。

香消了也么哥，玉碎了也么哥，常香玉去了也么哥……常香玉去了，她在6月的第一天的清晨悄悄地去了。

她把俏皮的小红娘留给了我们，她把悲愤的白素贞留给了我们，她把英武的花木兰留给了我们。她留给我们的还有很多：还有她做人的感悟——戏比天大，还有她从艺的经验——艺无止境……有了这一切，这个世界上便永远有个常香玉。

世界上永远有个常香玉，常香玉在岁月的记忆里。9岁学艺，13岁唱红，她说她是为着"乡亲们一辈子不生气"而唱，她是为着"乡亲们每一天乐呵呵"而唱。那是一个艺术被僵化和保守禁锢着的年代，豫剧怎么也流传不开。少年的常香玉开始了创新。她背着师父们偷偷地学别的了，她把京剧、曲剧、坠子和民歌中的许多好听的东西拿过来，悄悄地糅进豫剧的唱腔里。不知道哪一天，人们忽然觉得常香玉的唱腔变了，变得好听了，于是送给她很多掌声。也有暴风骤雨，有人说常香玉是豫剧的"叛徒"，常香玉的演唱"四不像"。常香玉说："管它几不像，我就要一个像，像真正的戏剧；叛徒就叛徒吧，我就是要投降好听的。"

世界上永远有个常香玉，常香玉在人民的口碑上。1938年，我们看到了被黄河洪水淹没了家园的河南难民们，一路呼号，一路乞讨，向西流浪的画图。我们也看到了，年轻的常香玉把自己的演出所得全部拿来买了小米，煮成热粥，拯救了成千上万的儿子搀扶着的就要倒下的老人，母亲怀抱里的奄奄一息的孩童。这使人想起她的一位巩义老乡，一位一千多年以前的瘦老头子。就是这个瘦老头子，在一个风高雨急的夜晚，面对着屋顶的茅草被狂风卷去，无限感慨地吟唱出"安得广厦千万

角儿风采

间,大庇天下寒士俱欢颜"。她莫非得了他的真传,诗也好,戏也好,大凡艺术都是相通的。所以她说:"没有博大的胸襟,你就别搞艺术。"

世界上永远有个常香玉,常香玉在和平的守望里。突然有一天,美帝在朝鲜投下的炸弹炸碎了和平,一个艺术家在剧场里的演唱再也继续不下去了。她和她的同人们一道,过黄河,过长江,过珠江,然后又过珠江,又过长江,又过黄河,一百多天风和雨,八千里路云和月,用自己唱遍了半个中国的歌声买回了一架飞机。这架飞机的名字叫"香玉剧社号"。谁说歌声不是炮火?"香玉剧社号"就是歌声,歌声就是飞翔在炮火连天的朝鲜的上空,歌声就是歼灭了气焰嚣张的敌人。

世界上永远有个常香玉,常香玉在人生的舞台上。常香玉的后半生有很长一段时间是站在戏曲学校的讲台上的。她五十多岁的时候,还每天和十二三岁的孩子们一同起床,一同做操,一同踢腿,一同下腰,一同"啊啊啊"地去迎接每一轮都很新鲜的朝阳。她收了许多徒弟,她对徒弟们像对自己的亲闺女那样传授做人的经验,传授从艺的体会。我曾经亲眼看到过她为了校正王希玲的一个念白、虎美玲的一句唱腔、王惠的一个跪步,而一遍一遍地亲自念白,而一句一句地反复演唱,而"扑通"一声跪到地上把跪步做得出神入化。王惠是个有心人,她在学跪步的时候竟然带着照相机,让旁边的人把老师的形象拍摄下来。多少年以后,王惠还经常拿出那张照片翻看。

世界上永远有个常香玉,常香玉在未来的事业中。她在十几年以前就经常说,艺术是永远不应该长白头发的。忽然有一天,她召开了一个新闻发布会,她宣布了设立"香玉杯"艺术奖的决定。新闻记者们如获至宝地抓到了一条新闻,这条新闻一直延续了15年,延续到今天。15年来,"香玉杯"历经九届评选,已先后有河南、山东、江苏、湖北、安徽、河北、甘肃、新疆等八个省区的一百多位戏剧新秀获此殊荣。文化部部长来颁过奖,省委书记也颁过奖,当他们把那盛满希望的奖杯颁发给艺术的下一代的时候,那杯子很重,他们赞扬那杯子里盛着的是一位德艺双馨的老艺术家的一种信念,那信念叫作:未来。

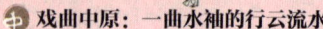

我心目中的申凤梅老师

罗 云 | 文

我从1954年开始学戏,到1984年离开河南省越调剧团调入河南省艺术研究院,与申凤梅老师在一起相处了整整30个年头。无论是在生活中还是艺术上,申凤梅老师对我的厚爱深恩,使我终生铭记,感怀不已。

我8岁在县小学上二年级,是申凤梅老师招收我进项城县越调剧团学戏的。1959年,她又把我送到开封专区戏曲学校学习。1960年,因著名越调表演艺术家张秀卿(艺名"大宝贝")逝世,我和申凤梅、李大勋(申凤梅的丈夫)二位老师一并被调入开封专区越调剧团(现今的河南省越调剧团)。1963年剧团晋京演出誉满京华,申老师在《收姜维》《李天保吊孝》中演诸葛亮、李天保,我给他配演关兴、赵祥。1964年得到团长申老师和团指导员杨岩石的信任和支持,我从演员转为导演。1978年至1980年,又送我到上海戏剧学院导演系进修。我为申凤梅老师排演的有《红灯记》《焦裕禄》《江姐》《槐树庄》《沙家浜》《龙江颂》《洪湖赤卫队》《蝶恋花》《杜鹃山》《红大娘》《杨门女将》《明镜记》《舌战群儒》《诸葛亮出山》等二十多部戏。

三十多年来,我当演员、做导演,以及被任命为业务副团长,都离不开申凤梅老师的苦心孤诣和扶掖后进。她在生活上关心我,学习上鼓励我,排练场上支持我。我能在艺术事业上取得一定的成就,都与她的言传身教、乐于提携分不开。1988年10月3日,由河南省文化厅、河南省戏剧家协会联合举办的"申凤梅舞台生活50周年纪念会"在郑州隆重召开。因我当时应邀到四川省广元市豫剧团执导《陈世美喊冤》未能到场祝贺。当时《郑州晚报》记者王芳做了这样的报道:"申凤梅在答词中一一感谢她的合作者,其中罗云是她的学生,她没有回避并向他们表示

【作者简介】

罗云,河南项城人。申凤梅老师的学生,戏剧导演。导演有《明镜记》《收姜维》《孔尚任》等一百多部戏,著名戏曲电影《糊涂盆砸锅》的导演,电视连续剧《常香玉》的副导演。

深深的谢意。她讲得恳切真诚,使大家深受感动。"一句感谢虽平常,却透射出大艺术家申凤梅朴实宽厚的做人美德、正直真诚的为人风范。

申凤梅老师是一位名副其实的大艺术家,但是没有那种大艺术家的骄矜和清高,始终保持平民意识和常人心态。她把生命落实于俗世,却又有着高于俗情的镇定,这种镇定使她面对任何境况皆能化消一切可能的压力和障碍。艺术生涯在申凤梅老师面前完全是自足的世界,生命是她原创力的释放,而艺术成为她持之以恒追寻一生的精神寄托。在她生命细胞里注入的是一位大艺术家对党对人民对祖国的赤诚和纯真。

有人曾问申老师一生最大的快乐是什么,她毫不迟疑地回答:"是我在舞台上能为成千上万的观众演戏。"她的回答平实坚定、掷地有声,没有丝毫的伪饰。每当她走上舞台,辛劳自然消退,病魔为之收敛,她感到的是舒心、温暖、欣慰。她身为团长带领剧团常年奔波于农村、老区、油田、部队演出,无论是严冬还是酷暑,她都是认认真真保证演出质量,从不糊弄观众。在许昌,因天气寒冷,她的气管炎发作,把戏唱"喳"了,深感愧对观众,难过得泪流不止;在太康县常营村,她发着高烧坚持为农民把戏演完,最后昏倒在台上;在平顶山煤矿,她深入到矿井口为轮换班的工人演出,使工人们感动不已;到新疆克拉玛依油田,在灼热的大沙漠颠簸二百多公里,她专门为十几名工人演唱一场戏,激发了工人们的干劲儿;到确山为部队官兵演出,不讲条件,不怕苦和累,深入营房向战士们嘘寒问暖,加强了军民之间的鱼水深情。她既为给上万人演出而兴奋,又为给一位五保老人唱戏而欣慰,像这样的事例和感人的场面不胜枚举啊!可以说舞台是她生存的环境,观众是她生存的条件,她是在舞台与观众之间燃烧着的生命之火,不断地发出光和热。她用自己一生的行动实现了全心全意为人民服务的宗旨。

艺术家爱人民,人民更爱艺术家。多年前痛悼申凤梅老师逝世的感人情景如在眼前——几位农民从乡下赶到周口,面对申老师的灵堂边哭边说:"大梅呀,俺们的大梅,你生前为俺演戏,如今你走了,再也听不到了,俺代表乡亲们送你一程看你一眼吧!"一位年迈的市民老大娘手捧一碗芝麻叶面条,含泪走到灵柩前呼唤:"大梅,俺的好闺女,知道你爱吃芝麻叶面条,俺给你送来了……"那年的7月26日当天,举行申凤梅遗体告别仪式,花圈、花环、挽联摆满了剧场内外,摆满大街两旁。来自四面八方成千上万的各界人士,都盼望着最后再看一眼申凤梅,那低回悲鸣的哀乐和着全场的恸哭令人心碎。当载着申老师的灵车起动,数千名群众紧随不舍，似颍河水缓缓流淌着无尽的悲痛。在沿途大街上矗立着男女老少，数万人冒着烈日酷暑为申凤梅送行，送别人民真挚爱戴的人民艺术家。

申凤梅老师乐观豁达，平易近人，乐善好施，待人以诚。在史无前例的那场政治运动里，相声大师侯宝林、著名曲艺演员马增慧随中央广播文工团下放到淮阳县五七干校"劳动改造"，申老师在自身失去安全感的情况下，还热心帮助他们求医治病，并请到家中煮绿豆小米汤、烙烙馍款待。著名作家李准被下放到西华县红花集进行"斗批改"，因自己是运动对象而影响儿子工作安排，无奈找到申老师，申老师倾力相帮。曲剧《游乡》的作者赵淑忍子女多，家庭困难，申老师解囊相助。家乡的村民和外剧团的演员时常找申老师办事儿，她从不拒之门外，想方设法给予妥善安排。申老师一生助人为乐，不知办了多少好事，解决了多少困难。上至领导，下至普通干部和群众，圈里圈外，各界人士，凡是接触过申老师的人都众口一词称颂"好人申凤梅"。

申凤梅老师一生廉洁奉公、光明正大，从不假公济私，追求物质享受，贪图生活安逸。她自尊自爱，为人师表。她既是一团之长，又是大演员，按说给些照顾，搞点特殊，也并不过分。可申凤梅老师坚决拒绝，她认为，因为受到照顾而会变本加厉，容易损害大多数人的利益。有时伙房师傅给她另外做碗饭，事后她也要把费用交公。她顾大局，识大体，一直坚持和同志们得同样的演出补助费。为了鼓励青年演员竞争进取，她用自己的钱购买奖品，奖励先进。1986年，申凤梅老师向文化厅厅长要求，让我回河南省越调剧团执导《红娘子》，她没有在剧中担任角色，却仍旧经常到排练场关心艺术质量和进程。她看到武打演员跌扑翻腾非常劳累，取出自己的几百元钱补贴伙食，给武打演员改善生活。当商品经济大潮迎面扑来，"拜金主义"极度膨胀，一些人想用高薪聘请她拉班"走穴"。她以坚定的党性原则，绝不见利忘义为金钱所动，而是把河南省越调剧团全体人员紧紧团结在一起，同心同德排演新剧目，出人出戏走正道。

就在申凤梅老师逝世的第二天，我和河南省电视台的蒿援成赶到周口，走进她生前的住室拍摄资料。家里既没有高档家具，更没有名牌服装和贵重的珠宝首饰。我们所看到的是申老师生前珍藏的十几本影集和名人赠送的字画，其中包括老舍先生赠予她的墨宝，以及京城文艺界大师先贤在她拜师马连良先生时的签名留言。这不由得使我想起，"文革"伊始，大兴"破四旧，立四新"之风，凡是古典的东西包括马连良的剧本等珍贵资料都要被烧掉。我趁人不注意暗暗珍藏起了这两幅墨宝。为防有人破坏，我特意用两首毛泽东诗词将其加以掩盖，这才得以保留下这份珍贵资料。"文革"结束后，我将保存的珍贵资料交给申老师，她感动得潸然泪流，倍加珍视！此外，我还在她的存折上看到不足四万元的存款，真让人难以置信这就是大演员申凤梅一辈子的积蓄。就在她临终前几天，还在积极筹措资金十万元要为家乡建一所"凤梅小学"。在物欲横流的现实生活中，申老师这种无私奉献的精神更加可贵，更加令人崇敬。

申凤梅老师自1938年入临颍县张潘镇越调科班学戏到1995年因病仙逝，在越调舞台上度过了57个春秋。她曾在传统戏、现代戏、新编历史剧等两百多个剧目中扮演过生旦净丑各种行当的角色，塑造了各色各类、性格迥异的众多艺术形象，其中有46年与诸葛亮神交于舞台。她善于继承，勇于创新，广纳博取，融会贯通，成功地发展和完善了越调老生艺术,并以人物塑造和艺术造诣的独到精深、特色鲜明而被誉为"活诸葛"。

申凤梅老师对传统越调从五个方面进行了变革,力辟新径,开创了风格迥异的越调艺术流派——"申派":其一,把传统唱法用假声发出又尖又高的"讴"音,变为真声的拖腔,去掉多余的闲字、虚字,加强了唱腔的韵律,净化了唱腔;其二,在男声唱腔中糅进了女声旦角的唱腔旋律和演唱技巧,使生行的唱腔由刻板直白变得婉转多姿;其三,吸收融化京剧、河北梆子、豫剧、曲剧、河南坠子等多个剧种和曲艺的唱腔旋律,丰富了越调剧种的唱腔色彩和表达能力;其四,把高台的唱声转化为剧场的唱情,加强了技巧性的运用和情感抒发,注重刻画人物性格,使越调声腔艺术拥有了新的活力;其五,借鉴京剧的表演程式和艺术手段,改变了越调粗糙、简陋、贫乏的自身局限,增强了创造人物的能量,使越调舞台艺术焕发出新的生机。

就申凤梅老师表演艺术的美学特质而论,一方面她对艺术对所扮演的人物倾注精诚,把自己的人生体悟化为一种渗透着真情实感的内在力量,创造立意高远、真体内充、神韵四溢、富有人情味儿的艺术形象;一方面她把表演根植于中原沃土,浸润着中原文化特质,追求以朴为上、以真为美的艺术风格,静中寓动,淡中见浓,激越奔放而又不肆意张狂,激情满怀而不失其雅态,彰显出沉稳苍劲、淳朴大方的艺术风采。她成功塑造的诸葛亮形象,达到了出神入化、天人合一的高境界,释放出一种质朴自然、大浅若深之美。

申凤梅老师在最后的时光里,忍受着常人难以忍受的病痛,以始终不渝的激情演完她最后一个诸葛亮戏《七擒孟获》。作为一个杰出的艺术家,申凤梅向热爱她的观众做了一个最好的告别,在激越豪迈慷慨悲歌中谢幕而去。在历史长河中,也曾有昭然煊赫于世的艺术家,但是随着时光的流失,人们也在逐渐淡忘。然而,与人民情同手足、视观众为父母的申凤梅老师,不但不会与岁月同逝,反而会与日俱增。正如京剧表演艺术家袁世海所说:"申凤梅是当之无愧的越调大师,想起申凤梅就想起了越调,想起越调就想起了申凤梅。"她是当之无愧的人民艺术家。她为越调艺术的繁荣和发展鞠躬尽瘁、死而后已的卓越一生,以及她那崇高的思想品德和人文精神,将与山河同在、日月共辉。

虽然申凤梅老师永远地离开了我们,但她为我们留下的精神和艺术遗产,是中原文化宝库中不可多得的财富,总结她的艺术经验,研究她的成功之路,探讨戏曲艺术的发展规律,是我们义不容辞的责任,也是对越调艺术大师申凤梅最好的纪念。

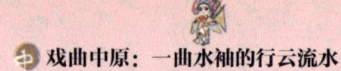

我与申凤梅的姐妹之情

马金凤 | 口述　华伟 | 整理

申凤梅比我小5岁，我是1922年生，她是1927年生，解放前我们就认识了，平时见了都是以姊妹相称。

1956年，河南省举办全省首届戏曲观摩演出，我演的是《穆桂英挂帅》，申凤梅演的是《收姜维》和《哭殿》，申凤梅是商丘专区的演员，我当时也是刚从商丘专区调到洛阳，所以当时见了特别亲，排练、生活都在一块，我们相互学习观摩，我看了她的戏，她也看了我的戏。她唱腔、表演都很好，演诸葛亮是诸葛亮，演长孙后是长孙后，会演后我们都获得了表演一等奖，并且河南省文化厅发文，我和申凤梅、毛爱莲、常香玉、崔兰田、阎立品、李斯忠、张新芳被定为"名演员"，时称"河南八大名演员"。

"文革"期间，我们这些"名演员"无一幸免，都被扣上了牛鬼蛇神的帽子，"大戏霸""大资本家"，打倒的打倒，被下放的下放。直至"林彪事件"之后，河南省革委会主任刘建勋赴京汇报工作，周恩来总理问及"河南八大名演员"的情况，指示"要让他们用一技之长为人民多做贡献"。这样，我们这些人才被解放出来。

申凤梅调到周口后，我们见面机会就少了，只有在省里有演出或开会的时候，才能见到。申凤梅平时抽烟，也喝酒，对于演员来说，这既影响嗓子又损害身体，所以一见面，我就劝她，让她把烟戒了，少喝酒。她也不生气，笑着说："俺姐又吵我了不是？我就喜欢你吵我！"说她也不是一次两次了，她总是听不进去，每次都说："一定戒，一定戒！"身体不好，还老抽烟，心脏病、糖尿病全来了。

1991年9月，在郑州的广州大酒店白云歌舞厅，当时是为了庆祝建

党70周年,特意举办了一个河南戏曲名家的专场演出,录音的时候,见到她了:"哎呀,妹子,你咋瘦成这样了?"她拉着我的手让我摸她身上,"您看看您妹子身上还有肉没,这都不到100斤了,糖尿病,吃啥都不长肉啊!"到她化妆的时候,看她用海绵绑在身上,我问她绑海绵干啥呢,她说身上没肉,不绑海绵八卦衣撑不起来。我对这个妹妹,需要抱怨的太多,自己不爱惜自己的身体,68岁就走了啊,吃身体上的亏。所以现在我教育年轻演员,第一是要保护好自己的嗓子,第二就是要爱惜自己的身体。

有一次我和申凤梅一起去外地演出,我当时带的衣服比较少,觉得演出完就回来了,用不着带那么多衣服,没想到突然就降温了。申凤梅看我穿得少,就买来毛线,带着她的徒弟,几个人就你一片我一片,织好了以后再对到一起,就结成了一件毛衣。我当时都感动得落泪了,就这份情,我一辈子都忘不了。

2001年1月,在北京保利剧院,演出《穆桂英挂帅》后,媒体记者采访我的时候,我提到申凤梅,我说:"在河南,称得上德艺双馨的艺术家,首先要说申凤梅。"这不是夸赞,这是我的心里话。

2006年7月,为庆祝中央电视台戏曲频道开播五周年,电视台推出《非常梨园——变脸秀》节目,我接到节目组的邀请后,第一时间就想到了反串演唱申凤梅的《收姜维》。首先这是申凤梅的戏,再则我自己也很喜欢《收姜维》中诸葛亮智慧军事家的形象。但在排练过程中又遇到了困难,跨剧种、跨行当,吐字、发音、唱腔都不一样,我唱豫剧是大小嗓结合,《收姜维》则需要用大本嗓,唱起来比较吃力,加上新词记起来也费力,刚开始可把我急坏了。

女儿把申凤梅的《收姜维》"四千岁你莫要羞愧难当"那段唱给我下载到播放机里,那一两个月里我吃饭听越调,睡觉也听越调,平时哼的还是越调!经过这次锻炼,我更明白了人是活到老、学到老,也实现了我的恩师梅兰芳先生对我"一个演员要时时不忘学习"的教导。

我还想告诉孩子们,再难的事,只要不怕困难、努力克服困难,都能取得成果。这次我只学了一段,以后还会坚持学……人一辈子都需要突破自己,第一次唱越调,我对自己的表现还算满意,但还要观众自己去评判。

2013年5月,兰凤剧社河北武安分社成立的时候,我又一次唱了越调,那次是唱给两位年轻人听的,一个是我的弟子刘冰,一个是青年越调活动家郭庆璋,他们是兰凤剧社的社长和副社长,我也为他们身上的那股执着劲儿所感动,现在喜欢戏曲的年轻人太少了,像他们这样为戏曲的弘扬和传播而努力着的年轻人更少。"兰凤剧社"是以梅兰芳和我的名字命名的,我觉得里头还应该多一个"凤",那就是申凤梅。

永远的小包公，永远的拜金荣

刘永成 | 文

包拯，这个以处事公正廉洁而闻名的典型人物，雄踞舞台五百多年。据著名戏剧理论家马紫晨先生统计，我国各剧种的"包公戏"已不下130种。以扮演包公而闻名菊坛的名家有京剧名家裘盛戎、方荣翔，豫剧名家李斯忠、吴心平，评剧名家魏荣元，河南曲剧名家蓝文祥、谢禄，他们所演绎的都是中老年的包公，而以饰演少年包公所驰名的唯有四平调名家拜金荣。

四平调由流行于苏鲁豫皖四省接壤地区的一种民间花鼓演变而成，迄今只七十多年的历史。因以花鼓为主，吸收评剧、京剧、梆子等剧种的曲调而形成，有人便称它为"四拼调"，后改称"四平调"。也有人认为，是根据其曲调四平八稳、四句一平而得名。最鼎盛时有十多个剧团，代表剧目有《陈三两爬堂》《小包公》《哑女告状》等。目前只有河南商丘市、范县和山东成武县三个专业四平调剧团。

拜金荣，河南博爱人，身世凄苦，生来就是孤儿。她小时候白胖白胖的，人见人爱，人们叫她"小丫"，曾被人贩子卖来卖去。为了活命，她沿着铁路捡煤核。不到10岁又被卖当童养媳，稍不留心就会被主人捆住四肢遭受毒打。她几次逃跑又都被抓回，直到后来又有"好心人"把她卖给了沁阳拜家做养女，她才有了安身之处。拜家父母没有女孩，对她很好，正式给她起名"金荣"。

拜金荣天生一副好嗓子，她白天要饭，晚上睡在戏院帮人提水、干杂活，学唱戏。拜家送她学戏，学过评剧、京剧，最后学四平调。19岁调入商丘四平调剧团（原人民剧团）。年轻的拜金荣很有灵气，浑身是戏，进团不久便挑大梁，她主攻小花脸，兼演丑、彩旦。《小包公》

【作者简介】
刘永成，河南沈丘人。自幼酷爱戏曲、文学。因鼻窦炎学业未成，在上海打工。在《河南戏剧》《东方艺术》发表戏曲文章数篇。

角儿风采

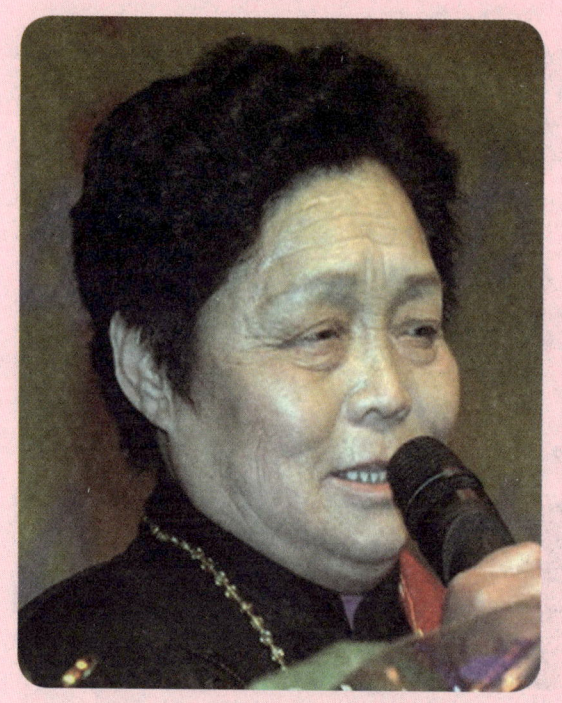

是她的代表作,是她于上个世纪50年代初主演的第一部"包公戏"。80年代复排《小包公》,50岁的拜金荣为了揣摩小包公的性格,专门到小学找孩子们一起玩耍,还到家里仔细观察他们在父母面前如何撒娇。功夫不负有心人,《小包公》一炮而红,成了她的代表作,她以宽厚明亮的嗓音和泼辣逼真的表演技艺,成功塑造了娃娃花脸幼年包公的艺术形象。《小包公》先后被河南电视台、中国唱片社、黄河音像社录音录像发行。她还赴深圳、香港、北京等地演出《小包公》,曾受到原中宣部部长丁关根的亲切接见。她还曾主演了《打面缸》《挑女婿》《三不愿意》等戏。至今,"家住安徽芦州府""辞皇王赴任离汴京""嫂娘送我赴考场"等《小包公》的唱段仍被广泛传唱。

《小包公》讲的是包拯幼年以及赴考、得中的故事。包拯自幼丧母,由大嫂抚养成人,而二嫂却百般虐待陷害他。包拯发愤读书,14岁力争进京赶考,却路遇强盗,病在店中。他智勇过人,幸遇丞相王延龄相助,金殿面君,再试得中。回家面斥二嫂,接大嫂同赴定远县上任。一出《小包公》唱红了一个剧团,唱红了一个剧种,拜金荣使四平调的影响得到了空前提高。

2003年3月20日上午,我在春意融融、百花争艳的郑州市植物园见到了刚从商丘赶来参加演唱会的拜金荣老师。他们一行六人,包括她的老伴、琴师、助演。73岁的拜老,身材较矮,体态偏胖,天生扮演小包公的好身材。下午她演出的《力争赶考》一折,让人简直不敢相信台上一蹦三跳的十三四岁的小包公竟是一个年逾古稀的老人扮演的。她饰演的小包公,表演自如,生动逼真,唱腔高亢浑厚,既有童音,又有花脸的唱腔特色,与其他名

25

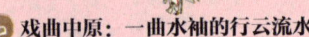
戏曲中原：一曲水袖的行云流水

家演绎的中老年包公的唱腔具有很好的延续性，丰富了包公的舞台艺术形象。我曾在电视上看过豫剧《小包公》，演员扮相高挑，表演温柔，唱腔是老年包公的唱腔，极不美观。

演出结束后，我和拜老师合影留念，她还送我一张她的生活照。因组织者高某未能及时付给拜老师一行六人劳务费，他们当晚回商丘的计划泡汤，无奈只好去高家吃晚饭、住宿。我因给高某帮忙，也住在高家，这样又得到了一次与拜老师相处的机会。晚上我们一起吃饭，饭后拜老师还主动洗碗。在客厅，拜老师还为扮演二嫂的青年演员说戏做示范。第二天吃过早饭后，我们又一起步行去植物园，拿到劳务费后，他们就返回商丘了。如今想来，能亲眼观看大师风采，并有短暂的接触，真是我一生的荣幸！

拜金荣的一生，可谓是坎坷的一生。悲惨的幼年，多难的童年，"文革"期间被下放到柴油机厂"劳动改造"，因为她是"重点改造"对象，所以总是被派到最苦最累的车间。80年代刚因《小包公》走红，戏曲却又开始不景气，剧团一解散就是二十多年，那时她只好又去工厂干活。拜金荣，声名远播，可生性耿直的她，一生却过着清贫的日子。直到去世前每月退休工资也不过1700元。当年我从她朴素的衣着上就看出了她的家境状况，她的随行人员也告诉我她家困难。在拜老师最后的日子，拜小荣一直陪伴在她身边。她多次嘱咐拜小荣好好学戏、演戏，把《小包公》奉献给更多的观众。商丘的网友说，拜老师晚年随艺术团四处演出。在拜老师去世后，有热心戏迷去她家拍摄了她简陋的住房和厨房，并在网上发帖发图，广大网友跟帖，沉重悼念四平调一代宗师！

四平调是河南的稀有剧种之一，戏曲不景气，作为四平调领头羊的商丘市四平调剧团也不过三十余人，他们正为四平调的生存、发展而努力奋斗。

提起四平调就想起《小包公》，提起

《小包公》就想起四平调。拜金荣,四平调最具代表性的人物。如果没有拜金荣,四平调或许就不会被人们所熟知。因扮演小包公的演员在身高方面有特殊要求,演员长大后,身高剧增就不再适合演小包公了,拜老师收过的几个徒弟中途又都改道了。四平调有幸,2003年,解散二十多年的商丘市四平调剧团在现任团长付梅等人的诸多努力下终于恢复了。对拜金荣仰慕已久的商丘市豫剧院演员邵凤荣随即进入四平调剧团拜师学艺,赐名"拜小荣"。73岁的拜金荣才真正有了门生,晚年喜得弟子,她的衣钵也得到了传承。拜小荣已初步掌握拜金荣的艺术特色,《小包公》仍是该团的主打剧目,甚至有的地方要求连演两场《小包公》。拜小荣说:"有些观众在散戏后非要看看拜金荣是男的还是女的,他们不敢相信小包公是一个七十多岁的老太太扮演的!"

2011年2月28日,作为四平调传承人的一代宗师拜金荣先生,因病逝世,享年80岁,长眠在商丘市宋国公墓。

戏曲需要代表性人物和剧目,稀有剧种就更需要杰出的代表性人物和剧目。大师西去已三载,河南再无拜金荣,梨园再无"小包公"。拜金荣与《小包公》、四平调已永恒地紧紧连接在一起,成为梨园的一颗灿烂的恒星,光照千秋!

戏曲中原：一曲水袖的行云流水

小苍娃是个怎样的少年

李 娜|文

一

对我来说，曲剧《卷席筒》一直是个谜。

小时候，关于这个戏的记忆是这样的——

先是大人们常常手舞足蹈地唱来，一段又古怪又好听又好笑的戏文："我把这前前后后、左左右右、曲曲弯弯、星星点点，一点儿不留一齐往外端……"

待见到舞台上，一个扮丑的男人如是唱着，黑黑眼圈白白鼻子红嘴唇，蚯蚓一样长的眉，还扎了冲天小辫，有趣得很哪。

但他越唱越急，本来就听不懂的戏文更听不懂了；唱得浪花翻滚，最后张开了手臂，几乎是喊了："我的大老爷呀！你看我浑身上下、上下浑身，都是冤哪。"这句我可牢牢记着了。那"哪"字拖得好长，像打了结的绸子甩啊甩，而我奶、我妈等家里的女人们，唉，不只女人们，早就眼泪哗哗，小手大手，抹起了眼睛。

再大点儿我知道他是"登封小县"的小苍娃，大人们爱得不行的这个演员是曲剧名丑，叫海连池。我妈没有像《打金枝》《对花枪》《朝阳沟》那样给我掰开揉碎讲它的戏文，它就在我幼年的记忆里成了谜：我以为丑角都是好笑的，为什么它这么催泪？

二

30岁之后重新看这戏，我终于知道了《卷席筒》是怎么个故事。

登封县的一个财主曹林，续弦赵氏，带了个"拖油瓶"小苍娃。赵氏思谋赶走曹林的长子曹保山，好为小苍娃占下家产。小苍娃却瞒

【作者简介】

李娜，河南人。复旦大学文学博士，中国社会科学院文学所副研究员。从事台湾文学研究。

卷席筒

着娘回护哥嫂。这年曹保山上京赶考,小苍娃偷偷送他盘缠,为他照顾嫂子和一双小儿女。赵氏看小苍娃愚憨不通,就使了个计支开他;再使个计送汤药给曹林使其一命归天,嫁祸儿媳,贿赂官府,把儿媳下了大牢。小苍娃带着曹保山的一对儿女金哥和玉妮儿去探监,无奈之下击鼓鸣冤,称后老大是他害死的,为的是独占家产,就此替嫂子坐了牢。押赴洛阳上法场的《苍娃起解》一折戏,也是父母辈大多会唱的一段:"小苍娃我离了登封小县,一路上我受尽饥饿熬煎",他不舍的,是与侄儿侄女玩耍的好时光;而嫂子赶来送行,小苍娃嘱嫂嫂"我死后你买条芦席把我卷,扒个坑埋了就算完",乃是这戏名《卷席筒》的由来。

当然,小苍娃没死,洛阳审他的钦差正是他中了状元的哥哥曹保山。观众都知结局,但当背对着"大老爷"的小苍娃开口:

"我的大老爷呀,你稳坐在察院,我把这前前后后、左左右右、曲曲弯弯、星星点点,一点儿不留一齐往外端⋯⋯"一段曲剧特有的长叙述,配着曹保山在身后强抑的悲辛动容,人们总是听得看得热泪滚滚。

"大团圆"的喜剧表达才新鲜:小苍娃"挺尸"法场,嫂嫂抱着芦席哭而后卷;小苍娃几番从席中溜出,引得嫂嫂大呼"活见鬼"⋯⋯

我解了小时候的惑:它确是喜的,也确是悲的。那泪中的笑来自小苍娃的憨,藏于憨中的大智,来自对世态的戏谑、官府的嘲讽;那笑中的泪来自人们在小苍娃身上寄托的"无条件的仁义",来自无视金钱、超出血缘的人间情,也来自那"芦席一卷"所象征的百姓的命!"卷席复生"的结尾,确是来自生活经验而超出其上的艺术创造,带给人们欣幸的滋味是复杂的:芦席是苦命,也是人们相互救助、相互承担，并从中复生的见证。

我惊艳的，一是丑角主导，一是"小苍娃"这个少年丑角，不是滑稽的丑、逗乐的丑，而是憨的丑、让人心疼的丑。海连池1979年拍《卷席筒》这部电影时年近四十，唱作俱佳，举手抬足无不有戏，他模样不是少年，但那无辜的、闪亮的眼神，全然是少年！

但我又有了别的感。

这个戏据说源自清末一个潦倒的秀才周任，百年来各种地方戏班把它"拉面条"——故事衍生故事地成了连台大戏，又有名《白玉簪》《三贤传》《斩张苍》等。早年这种特别乡野的地方戏都是"活词"演出，没有剧本。但2006年洛阳曲剧团排《卷席筒全传》10集，自云以老艺人流传的《白玉簪》为本，从中可以窥得早期模样：原来贯穿线索，是嫂子张氏；作为反面人物特别"有戏"的，是好吃懒做、贪心狠毒的赵氏。

故事背景是"安史之乱"，逃难路上杨贵妃把与唐明皇的定情之物白玉簪，交与宫女张凤莲；张凤莲被外出做生意的曹林救回河南老家，遂有了保山娶亲、蜜蜂之计、赶考献宝、赵氏下毒、苍娃坐牢的连串故事。《白玉簪》曾是包括豫剧在内的许多地方戏的剧目，新中国成立前后，则成了曲剧丑角老艺人的招牌戏——具体演变过程难考，但至少可知附会帝王家的奇情故事《白玉簪》，是逐渐演化为小苍娃为主角的《卷席筒》的。这是否与曲剧较之豫剧更"土"、更多表现人情伦理的特征有关呢？

发源于河南临汝地区的曲剧，上世纪二三十年代才从一种高跷歌舞转变为有行当、有舞台的"高台曲"，不若豫剧自清末以来走过大江南北的发展，经历过多种艺术形式的融合、文人介入的"雅化"，以及40年代在晋冀鲁豫根据地参与抗战工作的淬炼。曲剧是来自民间生活的小戏，戏文口语化，多用本嗓，所以易学易唱；抗战期间曲剧艺人曾经流亡南阳地区结成职业班社，得以学习南阳的"大调曲"，丰富了唱腔，也扩展了流传区域。但曲剧艺术的更大进步，乃至在全国知名，却与《卷席筒》有关，准确地说，与《卷席筒》在50年代戏曲改革中的成功改编有关。

1951年，开始全国性戏曲改革。1954年，登封县正式成立登封县曲剧团。不到30岁的团长何国正与编剧李国章两人开始酝酿改编《卷席筒》。1959年适逢作家李准到登封体验生活，对这部随着剧团上山下乡不断演出不断改编的戏十分欣赏，《苍娃起解》中那段"再不能摘酸枣把嵩山上，再不能摸螃蟹到黑龙潭"据说就来自他的修改。此后，在河南人民剧院的成功演出和电台的传播，使得《卷席筒》在中原地区家喻户晓。1961年演员王善朴到北京参加全国文艺工作会议，时任文联主席的曹禺特意跟他提及《卷席筒》应推广。这就有了拍电影之议，1964年，谢添主导的摄制组甚至就要开拍了，但终因种种原因拍电影的事最终未成现实。

随后，"文革"开始，《卷席筒》戏被定罪，指责戏中有段苍娃的唱词是："奉母命小南庄前去讨账，讨回来百两银，交与爹娘，这一次的生意有了指望，与二老商量商量跑趟洛阳。"说苍娃参加讨账，放高利贷，苍娃是地主羔子，剧团是为地主羔子歌功颂德。1967年，团长何国正以及剧团演员均被关在牛棚里反省。就这样，剧团被解散，《卷席筒》戏也被冷落了下来。

十一届三中全会后，文艺得到了复兴，《卷席筒》戏又有了希望。1979年初，郑州市曲剧团开始排练曲剧《卷席筒》，并在郑州各大剧院相继演出。由海连池演苍娃，使《卷席筒》大大走红。条件成熟，最终促成了《卷席筒》电影版的顺利诞生。

三

由海连池主演的电影《卷席筒》上映后，一定是大大超出了中原地区"推广"了。我的一位生于江苏的好友说，小时候这部戏在露天电影院她可"看了一遍又一遍"！我们这代城里长大的孩子，已很少看到外台戏，但赶上戏曲电影的黄金时代。电影《卷席筒》之后，又有了电影《〈卷席筒〉续集》。财主曹林仍是个"大善人"；叔嫂情表现得活泼、动人而不失度——因为小苍娃是个憨少年！我老爸说，那时候很多剧团都演这个戏，常常唱叔嫂的两个人是"哭着唱"，我知道，做观众的他们也是"哭着看"的啊。

小苍娃这样伴随了我们几代人的记忆，海连池也至老活跃在乡村、工矿和荧屏的舞台上。

这天，我看到他在一个晚会上唱《〈卷席筒〉续集》的一段视频——"小苍娃我生来灾星重"。老先生大约有七十了，光头，无妆。一开口，我整个人都被震住。他的声音岂止中气十足，实在每一句都浸透了对生活的理解和情感。单声音，就可以勾魂摄魄了。而再听一遍，他唱出的每个词，都"是其所是"：他的"哎呀"让人心悬，他唤"亲娘啊"，人也如唔亲娘，并且同感他们分离的痛。当他唱着"三天两头上法绳"、呼唤"哥嫂可知晓"时，没有化妆的老人脸上，依然有着最初小苍娃的表情，鼻翼微张，挚情憨憨。从泪光晶莹的圆眼睛里你看到：小苍娃还是个少年！

海连池先生2012年，71岁过世。他晚年的生活一样经历了戏曲市场化后的诸多困境，他曾组织文化公司，做生意失败，名声一度被冒用。但老先生的担当，印证了从老

戏曲中原：一曲水袖的行云流水

年小苍娃眼睛中可以看到的，未失的赤子之心。

也是这天我邂逅了一则新闻报道：广州天河区，有一群来自河南周口太康县的豫剧老艺人，他们都是当年剧团的红角儿，几年前开始带着写有"因剧团解散，老艺人还乡务农，经文化局批准到外地旅游卖艺"的麻布袋，来到广州街头卖艺。收入无多之外，常遭城管驱逐。

心酸的不只是这群戏曲老艺人的处境——想想海连池在年近70唱小苍娃、马金凤77岁唱穆桂英的精湛技艺和活泼精神，这群在街头用扩音器唱着随时会被中断的、碎片化的戏的老艺人，让人痛惜；由此还可以想象的，是他们不得不远离家乡的卖艺，是加入了村民外出谋生的大军而已。乡村已无戏，也没有了看戏的人。

我一度因为十几年来河南电视台《梨园春》戏曲节目的红火，以及《卷席筒全传》《程婴救孤》这些"精品大戏"的强势打造和宣传，觉得豫剧在河南依然是有着强大群众基础和未来的。幻觉由此被打破了。《梨园春》的红火除了群众基础，恐怕更是因为擂台比赛、草根成名的刺激，它是娱乐"消费"的一种。在政府文化工程扶助或商业投资下的"精品大戏"，明确导向是拿奖、"走向国际"。戏曲不再承担创造文化政治的责任，戏曲与人的亲密关系也远去了。

戏曲改革的经验，映照河南地方戏近30年的困境与乡村的凋敝，更为心酸的是：到底是戏曲失去了观众，还是属于人民的戏曲、人民创造文化的空间，被剥夺了？

表兄唐喜成先生的戏缘

周国义 | 口述　睢建民 | 执笔

今年欣逢豫剧表演艺术大师、唐派艺术创始人唐喜成先生诞辰90周年，身为先生的表弟，回忆起诸多往事，表兄生前的音容笑貌历历在目，他那一波三折的人生遭际，本身就是一部大戏。

学戏是被旧社会苦难生活逼出来的

1924年，我的表兄唐喜成出生在豫东洧川县（今尉氏县）湾里河村一户农民家庭，乳名"发伸"，弟兄三个，他排行老大。我姨家三门人守着姨父一棵独苗，致使姨父自幼娇惯成性，染上大烟瘾，最终把祖上传下来的三十来亩地和家业全部挥霍一空，净身带着我姨和三个表兄流落到许昌叶县，每天靠挨门要饭度日，夜晚钻进人家的秫秸堆里栖身。大表兄刚刚懂事那年，一天深夜，在秫秸堆里正睡得迷迷糊糊，听见父亲小声喊他的名字，对他说："我走啦。"狠心的父亲抛下他们母子，从此杳无音讯、不知所终。因生活所迫，我姨把怀中抱着的三表兄送人抚养。解放后大表兄唱戏出了名，跟随剧团到许昌一带演出，天天找自己的弟弟，却没下落。我姨眼看养活不了两个孩子，只得返回家乡，上无片瓦，下无寸土，住进娘家避难。那年月，我姥爷家孩子多，家徒四壁，我六个舅舅多半没娶上媳妇，常年靠给地主老财掏苦力挣口饭吃，实在养活不起我姨娘儿仨，就把二表兄也送人抚养。此后，我姨被迫改嫁外乡，撇下大表兄。大表兄成了孤儿，与单身的四舅相依为命。大表兄长到10岁，小脸白白净净，聪明伶俐，被姥爷家的街坊刘玉梅看中。刘玉梅在当地的戏班里已唱出了名气，觉得大表兄是唱戏的料儿，就找我姥爷商量此事。旧社会唱戏的被歧视为"下九流"，人死了祖上

【作者简介】

睢建民，笔名"英华"，河南尉氏人。河南省作协会员。

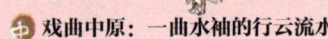

戏曲中原：一曲水袖的行云流水

都不让入老坟，我姥爷一时犯了难。可不去学戏，大表兄今后的生活谁来管？有口饭吃总比饿死了强。我姥爷狠狠心，就把大表兄送进了长葛县万乐社科班，拜魏德海、高永安、吴同保等长辈为师，学习沙河调，开始了漫长的艺术生涯。

学戏对于没有读过一天书的大表兄来说，简直就像听天书一般，全凭脑子死记硬背。学徒的寝室没有床，湿地上铺一层草棵子，天长日久，大表兄浑身长满疥疮，吸血的臭虫也到处乱爬，夜晚身上奇痒难耐，抓挠得伤痕累累。睡不着觉就起来练功背唱词，稍有差错，严厉的师父就用棍棒敲打，头上青疙瘩没断过。戏班的学徒只管饭没工钱，大表兄想家也回不去。一次他跟戏班到洧川演出，路过姥爷家村口，瞅见待他最亲的四舅挑着水桶，眼泪汪汪却不敢喊，一步三回头地走了。

入戏班不久，大表兄开始"穿把子""跑龙套"，因他记忆力好，心眼灵活，平时细心观察师父的念唱做打，模仿力极强，很快学会了《困铜台》中八贤王的唱腔和表演动作，还毛遂自荐，大胆地在剧中扮演了国母，成为人见人爱的"戏补丁"。他以洪亮的"娃娃腔"登台演出旦角，15岁正式演出了《刀劈杨藩》和《反西唐》中的樊梨花，以及《大破天门阵》中的穆桂英和《对花枪》中的姜桂枝等刀马旦，观众热情

地称赞他是"小铜腔,嘴头巧"。

双洎河水滋润出来的唐派

大表兄因戏路宽,小生、老旦个个行当都演得惟妙惟肖,在戏班里唱出了名。正当他踌躇满志向更高的目标攀登时,一场意外的变故,差一点儿毁了他苦苦追求的艺术生涯。

大表兄长到17岁,进入变声期,只顾唱戏,不注意保护嗓子,忽然间嗓音就哑了。任他仰天长啸,却声嘶力竭,急得直跳脚。他清楚地知道,一个靠嗓子立足生存的演员,失音就意味着艺术生涯的终结。不能唱戏了,他就可能流落街头沦为乞丐。苦闷之际,幸遇老师指点,他决定另辟蹊径,到双洎河畔苦练武功行当。

双洎河发源于登封阳城山,曾经养育过中华民族的始祖黄帝,号称"母亲河"。北宋宰相吕蒙正在此发愤苦读考中状元,当代享誉中国的"梅花王"王成喜、著名豫剧大师牛得草均由这里走出来。大表兄坚持练功的同时,每天早起来到河边,就地挖一个坑,待清凌凌的双洎河水溢满坑,独自趴在坑沿一声接一声地呼喊着练嗓子,无论三伏炎夏,还是数九隆冬,始终不间断。功夫不负有心人,大表兄终于练出了丹田气,用假声二本腔改唱祥符调,声音洪亮,吐字清晰,高低音收放自如。他重返舞台,

《血溅乌纱》(唱段) 唐喜成主演

扮演《长坂坡》中的赵云、《对花枪》中的罗成、《佘赛花》中的杨继业,以及《铡赵王》中的赵王等角色。在当时没有麦克风和扩音设备的情况下,寂静的夜晚他站在舞台上吼一嗓子,几公里外都能听见。当地老百姓称他是"响八县,一拿三"(指旦角、生角、花脸)。

1942年,18岁的大表兄刚刚出科时,正值中原遭遇前所未有的大旱和蝗灾,赤地千里,饿殍遍野。戏班子就地解散,演员各自逃命。大表兄徒步到新郑,那里的戏班子也解散了;往西辗转于密县,仍然寻找不到生路。返回途中,举目无亲,身无分文,几天没吃上一顿饱饭,饿得东倒西歪,真想一头撞火车寻死。走投无路中,听说中牟有个姓张的恶霸地主,家里养着一个戏班子,暂且投到那里讨了个活命。

渡过灾荒,大表兄重返戏班子,很快唱红豫南一代。在一次庙会上,他跟一家越调戏班对棚,双方约定好,同时唱文戏,或者同时唱武戏,谁家台子前观众多就算赢。大表兄感冒发高烧,烧得满脸通红,一连几天坚持不下舞台,那高亢明亮的嗓音招引得观众人山人海。有个唱"二黄戏"的马老汉,看中了大表兄,把自家闺女许配给他。新婚大喜一场,身边连一个亲人也没有,老戏迷白奶奶送给他一床铺盖,在庙院的耳房里,临时跟妻子合了铺,从此两口子恩恩爱爱度过了几十年。

大表兄发誓要让媳妇过上好日子,每次把演出挣的钱都积攒起来,交给岳父,在当地置买了十几亩土地。

艺术家是观众用心呵护出来的

解放后,大表兄有幸进入省剧团工作,曾经与豫剧大师阎立品、陈素真先生同台演出。他入扫盲班系统学习文化和乐理知识,为日后的唐派唱腔艺术设计打下了良好基础。1956年,他被调入省豫剧二团,光荣加入了中国共产党。还曾经被任命为剧团团长,担任过河南省政协委员,荣获"国家一级演员"称号。这一时期,大表兄潜心钻

研戏曲艺术，主演了《三哭殿》《南阳关》《辕门斩子》《血溅乌纱》等唐派代表剧目，深受广大观众的喜爱。大表兄到北京演出，受到党和国家领导人的接见，这让他从内心里感到无比荣幸。

一个逃荒要饭的孤儿，因生活所迫学戏，最终成长为人民尊敬的艺术家，党和政府给予他很多项荣誉。大表兄十分珍惜"人民演员"这个称号，成名后他没有丝毫的骄傲和怠懈。特别是步入晚年，在身患冠心病兼糖尿病生命随时都有危险的处境中，他有请必到，登台演出从不敷衍观众。他常说："观众挣个钱也不容易，因为信任咱，喜欢咱，才掏钱买票看咱的戏。如果在舞台上出现漏洞没有把戏演好，就是欺骗观众，从良心上也说不过去。"

上个世纪80年代初期，洧川剧院建成之后，我和党委书记一块赴郑州邀请大表兄归乡演出。他二话不说，很快约上李斯忠、吴碧波等艺术家，率团回到家乡。年届花甲的大表兄主演拿手戏《辕门斩子》，剧中杨六郎跪求母亲佘太君一幕，他"扑通"一声跪拜在舞台上，台下上千名观众听得真切，齐声欢呼叫好。接着演出《血溅乌纱》，大表兄扮演嫉恶如仇的知府严天民，唱到激愤处，牙齿咬得咯嘣响，看戏的父老乡亲都能听见，再次欢声雷动。谢幕后，我冲他说："哥，你咋提恁大的劲儿，累不累？"他说："回家的感觉不一样啊，面对生养自己的故乡和亲人，我心里特别激动。"

1990年冬天，大表兄抱病赴安阳解放剧院演出，谢幕后观众一直不肯离去。他再次登台为观众清唱，唱一句一个满堂彩，唱一段一阵雷鸣般的呼声，一连坚持唱了五段戏。观众们深受感动，纷纷拥到后台要和他见一面握握手，他顾不上卸装，拖着疲累的身子与观众亲切交谈，一直把众人送到剧院大门口才挥手告别。

前半生吃糠咽菜的大表兄，成名后依然过着俭朴的平民生活，他最喜欢吃家乡的干红薯叶和芝麻叶，还有豆杂面馍。有一次我去看望他，碰上著名演员吴碧波向他要红薯叶，说是陈素真大师来做客，要喝红薯叶面条。大表兄一时找不到红薯叶，拿出来芝麻叶招待客人。在我家吃饭时，掉地上一粒馍花，大表兄仔细捡起来，吹一下浮尘，填嘴里吃了。下乡演出，他爱吃清淡一点的面食，一片面掉在地上，他捡起来搁清水里涮一涮，放到碗里继续吃，从不浪费一粒粮食。

大表兄常年四处奔波演出，积劳成疾，高血糖引起并发症，在赴南阳演出的途中，突然昏迷在车上，被送进附近的县城急救脱险，转入郑州医院治疗。

1993年春季，69岁的大表兄与世长辞。他收养一子二女，生前两袖清风，没有给养子女留下存款和财产，去世后更没留下任何遗产，唯一留下来的，就是唐派唱腔艺术，桃李满天下。这笔精神财富经过唐派掌门人贾廷聚、"小唐喜成"袁国营等弟子的传承，由中原向全国发扬光大，"十生九唐"的美称享誉中华。大表兄如若地下有知，一定会含笑九泉。

戏曲中原：一曲水袖的行云流水

"曲剧皇后"在开封

唐小宝 | 文

像提起常香玉就想起花木兰、提起马金凤就想到穆桂英一样，当我们提起张新芳，就自然会联想到她演的陈三两。张新芳在陈三两身上付出了她毕生的心血，陈三两也反过来成就了张新芳，给了她荣誉和地位。可以这样说，没有陈三两，就没有声名显赫的"曲剧皇后"张新芳。

每当我忆起张新芳，首先就想到上个世纪50年代初，在开封永安舞台看她演出《陈三两爬堂》时的情景。在开封老火神庙内用席棚搭建的戏院破旧不堪，戏台前摆放着十几排歪歪扭扭的长条木凳，戏台前的柱子上还吊着两盏备用汽灯。幕布也很破旧，戏台上仅有一桌两椅，没有布景，没有音响，更没有字幕。唯一能炫耀剧团声誉的，是上级文化部门颁发的，或某些单位送来的数十面大红锦旗，悬挂在戏院的醒目之处。演员的服装也同样很破旧，甚至四个衙役的服装都是用一般士林兰布做成的，就连主角的戏装都很破旧，水袖、裙子也是脏兮兮的，已显不出本色来。谁也想不到，在如此破旧的戏院里，穿着如此破旧戏装的演员们，竟能演出日后成了张新芳的代表之作，至今仍久演不衰的好戏来。张新芳出场后"陈三两迈步上公庭"几句唱，就赢得了满堂喝彩。这出戏几乎由她一唱到底，无论是"家住山东临清县"，还是"猛虎跟着猫学艺"；无论是"这支笔，谁造成"，还是"大堂上分明他是陶哥儿"，一声一腔都唱得声情交融，不时引起阵阵掌声。她用演唱倾吐了精通唐诗宋词、诗书礼易、黄帝内经，双手能写梅花篆字，琴棋书画无所不能的才女李素萍沦落为烟花女的悲惨身世；宣泄了她对失散12年，如今身居五品州官，却贪赃枉法的胞弟李凤鸣的无比怨恨；同时流露出7岁上由她收留，精心培养成八府巡按的干兄弟陈奎的自豪与期待。她

【作者简介】
　　唐小宝，河南洛阳资深戏迷。

一个人半台戏,准确诠释了剧中人物,她的生活伴侣刘道德扮演李凤鸣,唱做俱佳,也为这出戏增色不少。

一出《陈三两爬堂》轰动了古城开封,也震撼了中州大地,后经加工整理,于1959年被长春电影制片厂拍成了戏曲艺术片。因为这出戏的故事构思角度奇特,戏曲矛盾处理巧妙,包含戏曲元素丰富,曾得到田汉、梅兰芳等戏曲大家的高度赞誉,并很快风靡全国,且被众多剧种所移植。崔兰田首先把它搬上了豫剧舞台,接着李世济、孙毓敏经过改编也相继搬上了首都京剧舞台,彭艳琴移植成了河北梆子,越剧、黄梅戏等地方剧种也做了移植,使陈三两走出河南,成为全国众多剧种、众多名家传唱的艺术形象。张新芳也随着"陈三两"而被省内外戏迷所熟悉,"陈三两"无疑成了张新芳的一张艺术名片。张新芳迅速走红,被戏迷誉为"曲剧皇后"。

祖籍河南邓县(今邓州市)的张新芳,7岁学戏,9岁就唱红舞台,几年后便声名大噪,成为第一位曲剧优秀坤旦。她二十多岁便带着一副好嗓子一路北上,叩开了当年还是河南省会的开封梨园大门,加盟到开封市曲剧团。当年曲剧男旦李金波、李玉琳,论辈分比她高,论演技比她强,但她依靠自身的勤奋好学,演唱功力进步很快,博得了戏迷的喜爱,并很快成为剧团的台柱子之一。后来李金波被调到郑州、李玉琳退出舞台,张新芳便当仁不让地坐上了剧团的头一把交椅。

张新芳在开封生活了几十年,应该说上个世纪50年代,是她演出最频繁的10年。一年365天几乎天天登台,有时一天要赶日夜两场。这就要求她要不断排新戏,靠演出剧目不断更新,来满足戏迷的欣赏需求。成年累月在舞台上拼杀,使她的嗓音经常处于疲劳状态,以至于发展到有些沙哑,这非但对她的演唱丝毫无损,反倒增加了她的唱腔韵味。这10年是她艺术的收获期,除《陈三两爬堂》外,她还创作了《卖油郎独占花魁》《荆钗记》《钱塘县》等戏。

有人说"张新芳最爱哭戏"。这话不无道理,她出身贫苦,极易唱出人物的感情。她本腔大调,以哭带声,以泣行腔,常常动情动色,唱得悲愤凄凉、感人肺腑。她的表演不温不火,规范到位。她用炉火纯青的演技,成功塑造出陈三两、秦香莲、钱玉莲、祥林嫂等古今悲苦的妇女形象。但她戏路宽广,绝不是只能唱哭戏,演起喜剧角色来也是得心应手。她在现代戏《山鹰》中扮演闪大妈,《报春花》中扮演魏大姐,把人物的勤劳质朴的品质、豁达开朗的性格刻画得很到位,她极具生活化的表演,不时引来观众的阵阵笑声。

有人说"张新芳唱腔太冲、太俗"。诚然,她的唱腔的确"冲"了些,少年时期在农村高台上奔波多年,她年纪小,但底气足、腔口大,出道不久便有"喊一腔,一下子传到八里岗"的说法,这是对她嗓门儿大的赞扬。走进开封舞台后,虽然演出环境变了,唱法收敛了些,但她发音部位及方法未变,依然不用音响,声音也能传得很远。所以看她的戏,即便坐在最后一排,她的声声腔腔、字字句句,你也能听得真真切切。但说她的唱腔"太俗",就有失偏颇了。细听她的唱腔行腔高亢而又不失婉转,音域宽厚而又透着明亮,怎么能说"俗"呢?

老戏迷都知道,早期曲剧演员从小都练就有踩高跷的绝活,恐怕很少有人知道,张新芳踩高跷也身手不凡。50年代开封市曲剧团有支高跷队,那年月宣传活动多,他们也经常绑上高跷上街宣传,身为剧团主演兼团长的张新芳当然要身先士卒带队参加了。一次在午朝门看到曲剧团高跷队,从龙亭后

面开会回来,他们踩着高跷,合着铿锵的锣鼓点,在夹道观看的人群中尽情地表演。他们是专业演员,化妆、服饰和表演都要比其他文艺宣传队伍高出一筹。有人认出了张新芳,顺眼望去,只见她手提花篮扮演仙姑,和其他演员一道,脚踩高跷,如履平地,或走或跳。她风度翩翩,潇洒舒展,全然没有了舞台上收腹抱肚、含胸移步的姿态。

后来张新芳被调到省曲剧团,我再也没进剧场看过她的戏,只是在屏幕上还经常看到她。如今"斯人已乘仙鹤去",老太太已离开了我们。每当从电视、广播、报刊上看到她的信息时,我的脑海里总会浮现老太太年轻时,在开封破旧的戏院里演出时的情景,浮现出她众多的艺术形象,甚至还浮现出当年她踩高跷的身影,一切都稍纵即逝,又是那样清晰。

角儿风采

《人欢马叫》与任宏恩

璩同寅 | 文

20世纪60年代中期,一出现代戏《人欢马叫》唱遍了中原广大城乡。而后,《人欢马叫》走出中原,唱红广州,享誉北京。特别是拍过电影之后,《人欢马叫》的主演任宏恩一时成了亿万观众喊得出的人物。《人欢马叫》成就了任宏恩,任宏恩也成就了《人欢马叫》。

一个好剧本,能让一个有才华的好演员最充分地施展才华。同样,一个有才华的好演员也能让一个好剧本更加出彩。《人欢马叫》从写真实到创造艺术典型,经历了剧本上的三次重大修改:从《两个饲养员》到《两亲家》,从《两亲家》再到《人欢马叫》,剧本产生了质的飞跃。剧本的每次修改,对任宏恩来说都是一次学习和提高的好机会,更是一次对人物加深认识、加深理解的好机会。剧本每一次的变化,小到一个提示、一句台词,大到结构与场次,情节、细节的删减与增加,他都要问自己:"作者为啥要这样改?改得好不好?好在哪里?你都做到真正理解了吗?"一系列的疑问,他都要一一做出回答,直到真正弄通、理解为止。不懂、不通的,他就去问编导。宏恩的戏之所以演得好,除了好学、爱学之外,留心、爱问、解惑更是他在从艺道路上能取得长足进步的一大秘诀。

【作者简介】

璩同寅,河南禹州人。剧作家,许昌地区文化局编剧。创作、发表大小戏曲二十多部,代表作《巧手难嫁》《软枣问案》《乔老板的烦恼》《风雪龙州城》《青青豌豆角》等。出版有《璩同寅剧作选》。

向生活学习,是宏恩从艺道路上的一门必修课。为了把刘自得这个人物演好,他认识和结交了许多农民朋友。尤其是那段日子在黄庄,为宏恩创造刘自得这个典型提供了一个十分难得的生活基地。他主动和饲养员黄盘根交朋友,除了同吃、同住、同劳动外,还以诚、以心、以情与黄盘根交朋友,由形到心去感知这位朋友。他观察到黄盘根是一个非常自信、自负的人,说话、办事、走路,甚至伸胳膊抬腿、一个眼神,均有个性化的展示。宏恩对黄盘根特别感兴趣,他从黄盘根那里获得了许多让自己忘不掉的乡间故事。他觉得黄盘根就是刘自得,可又不完全像刘自得,黄盘根的思想、行为、个性和刘自得极其相似。从黄庄回到许昌后,宏恩再次演刘自得时,观众突然发现舞台上的那个刘自得变了,变得富有灵性了、好看了、耐看了、活起来了。刘自得成了《人欢马叫》中最具特色、最具个性魅力的人物。

宏恩是位极具表演天赋的好演员,他赋予刘自得诸多性格化的细节,做得准确、细腻、逼真。交鞭那一刻,刘自得心里的矛盾尤为复杂,既想达到以技术压人之目的,又恐众人压而不服;既想靠交鞭要挟乡亲,又恐交鞭之后利益受损。外表示强、内心虚弱的特定情境,让宏恩想出了一个动感强、力度大、形象鲜明的典型动作——刘自得在群众强烈的呼声中,愤怒地将鞭高高举过头顶,又缓慢无力地将鞭放下,且双目直盯着鞭子……一句台词没有,观众却看得清清楚楚、明明白白:刘自得害怕交鞭。爱芹误把吴大娘煮熟的牲口料倒在吴家猪食槽里,刘自得发现后,仿佛抓到吴广兴什么把柄一样,情不自禁地喊出:"好!你也偷料喂猪。我非好好宣扬宣扬不中!"这时,观众也都清楚明白了,刘自得是想借此大闹一场,目的是要重新夺回鞭子,继续做自己的发财梦。戏在刘自得身上,观众的关注点也在刘自得身上,与他同场做戏的人,谁也别想从宏恩身上将观众的目光引走。剧中还有诸多细节,宏恩都做得十分到位,表演极其精彩:刘自得念信时的尴尬,鞭打红马落驹时的恐惧,夜半偷驴磨面时的困窘,强逼女儿去吴家请人的强词夺理等,他的唱与表演,做到了收放有度、挥洒自如,一句台词、一个台步、一个手势,都能引起观众的强烈共鸣,赢得阵阵笑声和掌声。

《人欢马叫》在许昌父老乡亲的关爱下,日渐成熟与完美起来。而任宏恩也随着许昌观众的热爱与拥戴,日渐成为剧团中的艺术尖子和本剧的担纲演员。1964年4月,许昌豫剧二团带着《人欢马叫》参加了河南省现代戏汇演。省直文艺界专家及广大戏剧观众,怀着极大的兴趣看完了这场戏,并给予了很高评价。很快,省委领导就敲定让《人欢马叫》代表河南参加中南五省区现代戏汇演,并以河南豫剧院、许昌豫剧二团联合组建河南演出团赴广州演出。剧中四个主要人物,除刘自得饰演者任宏恩外,其他三个人物吴广兴、吴大娘、爱芹,分别由王善朴、常香玉、魏云担任。一个在全省和全国颇具影响力的演出团队就这样形成了。

1965年7月,《人欢马叫》带着中原

角 儿 风 采

浓郁的泥土气息,参加了在广州举办的中南五省区现代戏汇演。时任中南局第一书记的陶铸同志看了《人欢马叫》在羊城的首场演出,在接见全体演员时兴奋地说:"开始我还担心这次会演没有好戏,现在可以欣慰地说,《人欢马叫》就是一台好戏。"说罢,他走到任宏恩面前,说:"我还以为你是一个五六十岁的老头子呢,谁知你是一个这么年轻的演员,你演得好,你把刘自得演活了。"当时任宏恩才25岁,25岁的他竟然在这么一个人才荟萃、名家云集的舞台上崭露头角,让人们看到或预见了他未来的艺术天地将是多么广阔、灿烂。特别令河南演出团感到欣慰的是,在中南局领导的授意下,广州市人民政府承办的珠江夜游文艺宴会,任宏恩成为受邀参加者之一。宏恩没想到在这么一个特殊的宴会上,竟有那么多名家斟满酒杯走到桌前跟他碰杯,并亲切地誉他为"富裕中农的活典型"。

参加中南五省区现代戏汇演后,《人欢马叫》原班人马被接到西安电影制片厂拍电影,由著名导演孙敬执导。作为首次与电影艺术接触的任宏恩来说,在领会导演意图、实施导演理念、体现导演想法等方面,让孙敬感到吃惊。从形体动作到心理展现,要求演员做到的,宏恩都能做到,甚至可以做出十多种小品让导演选择。导演感慨地称赞宏恩:"天才!天才!"

电影拍摄完毕,1965年2月《人欢马叫》赴京汇报演出。郭沫若看过《人欢马叫》后,邀请常香玉、王善朴、魏云、任宏恩到家中做客,并将自己写给常香玉的信交给剧组,祝贺《人欢马叫》在京演出成功,称赞演员珠联璧合,誉任宏恩年纪轻轻前途无量……

《人欢马叫》红了!任宏恩成名了!任宏恩同《人欢马叫》相扶相携地往前走,一直到今天……

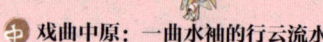

戏曲中原：一曲水袖的行云流水

角　儿

余永亮 | 文

第一次观看豫剧演员房新枝的戏，是二十多年前的事情了。

闷热的夏夜、热闹的靖宇广场，伴随着咿咿呀呀的弦子和咚咚锵锵的锣鼓声，顽皮的孩童、年迈的家院和十几个旦角依次出场，分列于戏台两侧。接着，精神矍铄的佘太君迈着稳健的台步，从幕后走出。"一家人欢天喜地把我来请，佘太君穿宅越院来到了前厅……"我一下子就被大气、豪放的唱腔所吸引，便走到离戏台最近的地方，静静欣赏着这出名为《五世请缨》的大戏。

戏台一侧悬挂着小黑板，上面写着"房新枝主演"。我能猜得出，剧中佘太君一角应该由这位名叫房新枝的演员扮演。少年时代的我完全不懂戏曲，我只是觉得那扮相很传神，演员的唱腔与收音机里播放的唱段相比也毫不逊色。那时演员唱戏是不用胸麦的，只有戏台前立着的两个长话筒。房新枝的演唱格外卖力，不到一小时，汗水便在佘太君脸上肆意流淌……

纵然如此，观众还是很少，年轻人似乎在凑热闹，摇着蒲扇的老年人看得还算认真，更多人则围拢在广场四周的露天"卡拉OK"周围。90年代初期，城市里的人们似乎对一切流行的东西更加青睐。与带着港台腔的流行歌曲相比，戏曲的境况如明日黄花，甚少有人欣赏。

演出持续了近三个小时，随着年轻观众渐渐离去，戏台前显得有些冷清。乐队中有人打起了呵欠，站在佘太君身旁的十几个旦角们，时不时把水袖当成扇子，来回扇着。只有房新枝的声音越来越高亢，脸上的爱憎也更加分明。戏台，成了佘太君一个人的世界。面对奸臣，她满腔愤懑；面对帝王，她据理力争。当唱到"见尔等一个个健壮英勇，又好似七郎八虎保宋营"时，佘太君的笑容里带着自豪，眼中却闪着莹莹泪

【作者简介】

余永亮，正规媒体发表作品二百余篇，涉及散文、戏曲评论赏析等。多次受当地媒体邀请参与写作培训讲座。

角儿风采

光。那一刻，我的心突然颤动了一下，分不清她是倔强的房新枝，还是悲壮的佘太君。

我隐隐觉得，她其实是在和嘶喊般的"卡拉OK"做着艰难的抗争！

那个夏夜，我记住了房新枝的名字，也开始关注这位在寂寞中坚守舞台的豫剧演员。后来，我在农村庙会上两次欣赏到她的精彩演出，剧目是《秦香莲后传》和《下河东》。也在城市里的影剧院观看过她主演的现代戏《红河绿柳》，是学校组织学生免费观看的。那时的她虽已在驻马店及周边乡镇小有名气，不过在各种新思潮汹涌澎湃的90年代，要想让人们买戏票入场已不太现实。

多年后我再次走入靖宇广场，昔日的露天"卡拉OK"早已消失，豫剧却以极强的生命力，依旧在广场唱响。戏迷们相约在一起，清唱一些经典的唱段。与戏迷闲聊时提到房新枝，一位驻马店豫剧团退休的老艺人告诉我，正值盛年的她因病离开了这个世界。说罢，他沉默许久，又颇有感触地回忆起往事。他说，其实房新枝并没有大红大紫过，更很少在省内广播电视节目中露脸。不过，在剧团颇为艰难的90年代，她依然奔波于各地，默默地演出着一场场大戏……听了老艺人的讲述，我下意识地朝靖宇广场北侧望去，简陋的戏台已经不在，可是《五世请缨》里佘太君的身影犹在眼前……

我时常想：何谓"角儿"？也许有媒体的热捧，有鲜花的簇拥，再加上免费赠票演出中的廉价掌声——所谓的"角儿"便诞生了！但是当台下没有掌声和喝彩，甚至连观众都少得可怜时，却有人执着地坚守在戏台上！是的，就在二十多年前，在戏曲面对巨大冲击的90年代，有一位名叫房新枝的旦角演员，曾活跃在驻马店的戏曲界。我清楚地记得，她饰演的佘太君怀抱帅令旗立于简陋的戏台，出征时的转身动作看似华丽却又无比寂寞！当我把二十多年前的情景讲给这位老艺人时，他由衷感慨道："房新枝——曾经是咱驻马店的'角儿'！"

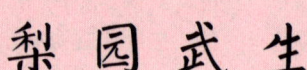

梨园武生

刘 放 | 文

6月17日晚，河南电视台《梨园春》演播大厅里灯火辉煌，第十一届"香玉杯"艺术奖颁奖仪式正在这里隆重举行。当主持人宣布"香玉杯"艺术奖第一名获得者岳学安的名字时，全场掌声雷动。岳学安眼含泪花走上舞台，手捧奖杯向观众致意。此刻的他，百感交集。近二十年的舞台生涯给了他回报，他在艰难坎坷的梨园打拼中，也终于看到了黎明的曙光。

面对众多媒体的闪光灯和录音笔，岳学安没有灿烂的笑容，也没有口若悬河的自白。他只是想到了恩师艾立的教诲，想到了许昌市豫剧团的培养，想到了从儿时走来的蹒跚的艺术之路……

小时候，岳学安就对戏曲艺术情有独钟。那时候，贫瘠的豫东农村没有太多的文化娱乐活动，只有在有庙会时，才有戏班子搭台演上几出热闹的大戏。随着幕侧咚咚锵锵的锣鼓声，舞台上长枪短刀、厚靴锦袍的演员便紧紧地吸引了幼小的岳学安的目光。散罢戏，回家的路上，岳学安便会从地里弄根玉米秆或高粱棵子，像戏里的枪或刀一样耍弄着，嘴里还念念有词，就这样一直耍弄到家门口。从那时起，他就迷上了戏，迷上了戏里的武生。

初中毕业时，刚巧赶上县戏校招生，没费多大劲儿，岳学安就考上了。然而没多久，戏校解散，岳学安无奈，只好跟着戏班子开始了走南闯北的演戏生涯。戏班子是为了糊口，艺术上并没有多大的追求。岳学安有着自己的想法，他想在更大的天地里发展自己。两年后，他离开戏班子，考进了巩义豫剧团，从此走上了正式的演艺道路。

1997年，已经开始在戏里担任角色的岳学安，听说许昌市豫剧团

【作者简介】
刘放，河南许昌人。许昌日报社的主任记者。

要招演员,他的心又动了。他知道,许昌市豫剧团声名远播,又有著名演员艾立担任团长,在这里一定会有所作为。于是,他斗胆走进了许昌市豫剧团,向艾团长坦露了自己的心迹。凭着自己身段、唱腔、扮相的优势,他终于顺利地进入了许昌市豫剧团。第二年,艾立正式收他为徒,并精心教授他著名传统戏《王佐断臂》。岳学安在戏中饰演双枪陆文龙,武功难度大,戏份也重。尤其是重场戏《车轮大战》一折,整场戏四十多分钟,全是陆文龙一个人的表演。这对演员的武打基本功、舞台经验、心理素质都是严峻的考验。岳学安迎难而上,每天脚蹬厚底黑靴,身披厚重箭衣,头戴王盔,腰束大带,手持双枪,一练就是一整天。上场下场,踢腿劈腿,大小翻身还连带着圆场功。双枪在他手中翻舞,时而抛向高空,时而踢向远方,稍有不慎,双枪便砸落在胸上、腿上,他的眉骨、脸颊都曾留有伤痕。别人练功时,他练;别人休息了,他还在练。脱下的箭衣,能拧出水来;穿坏的厚靴,足有十多双。功夫不负有心人,岳学安在艾立的悉心指导下,经过两年多的勤学苦练,终于脱颖而出,在2000年许昌市青年演员戏曲大赛中,他以《王佐断臂》中陆文龙一角的出色表演,夺得演员一等奖。

此后,岳学安便一发而不可收。在2001年河南省青年演员戏曲大赛中,他夺得了演员表演金奖;在2002年河南省第九届戏剧大赛中,他又获得了演员一等奖。今年,他参加了第十一届"香玉杯"艺术奖的角逐。这是历届之中报名最多、参演演员实力最强的一次比赛。岳学安以长靠武生戏《对花枪》中罗成一角的出色表演,赢得了评委和专家的一致首肯,名列诸多获奖者前列,成为"香玉杯"艺术奖的第一名。据河南省资深戏剧专家荆桦评价,当前,在戏剧界演员中,像岳学安武功如此深厚、基本功如此扎实的演员,是绝对找不出第二个的。即使在全国的豫剧界,恐怕也是少有的。像《王佐断臂》《对花枪》这样的武功重头戏,在一个地级市剧团能够全场演出,实在难能可贵。

岳学安从艺近二十年,始终将舞台视作生命。他对艺术精益求精,一招一式、抬腿举步,他都认真去做,从不敷衍塞责。他说:"我是农村的孩子,在艾立老师和剧团的培养下,我才有了今天。对艺术的追求永无止境,在舞台上饰演观众满意的舞台形象,是我永远的愿望。"

戏曲中原：一曲水袖的行云流水

豫　　韵

孙　兴 | 文

【作者简介】

孙兴，笔名"黄痴人""白汀"等，自号"晨露斋主"，河南封丘人。中国散文学会会员，河南省作协会员，河南戏曲学会会员。出版有散文集《蓦然回首》《文化感悟》，长篇小说《天光云影》，杂记《陈桥兵变史话》，豫剧伶人传记《封丘艺苑撷英》等。

也许，那是一个落叶萧萧的秋天……

太阳渐渐落在村西的那一片刺槐林里，月亮挂在村东有只老鸹窝的大树的树梢儿上。老村人早早在池塘边的打谷场上，用太平车搭起了一座戏台。

三遍锣鼓敲过，三里五村劳累了一天的乡民们，急匆匆地赶来，聚拢在了戏台前。

戏台两边的木桩上，照例吊着几盏土鳖灯，它们"嗞嗞"地喷吐着黑烟。很久，很久……坐在台前的孩子们已经开始打盹儿，有的甚至躺在了地上，戏还没开。

"辕门外三声炮，如同雷震，天波府里走出来我，保国臣。头戴金冠，压双鬓，当年的铁甲我又披上了身……"身披铠甲背插彩旗的穆桂英高亢嘹亮的唱腔，惊醒了睡梦中的孩子，也让憔悴的乡邻们顷刻间高兴起来。

多少年过去了，故乡当年那个看戏的孩子，早已成了白胡子长者，但他一直念念不忘那个挂帅的旦角孙延德。

也许，那是一个夏天，企盼了太久的麦梢儿开始泛黄……

故乡一年一度的"小满会"热闹非凡。买过了镰刀、桑叉、簸箕、扫帚的庄稼人，吃过了炸枣糕、凉拌粉皮的老人孩子不愿早早地回家，他们黑压压地站在围了一圈蓝布的戏棚前，饶有兴致地看起了阎立品的《秦雪梅》。

"进花园顿觉得心神爽飒，果然是艳阳天万芳齐发。海棠红茶蘼白春光如画,飞燕啼莺莺啭鸟声喧哗。好风景我不愿赏心有牵挂,想观文我又怕遇见了他。叫秋菱到书馆再看一下,有无有读书声透过窗纱……"可惜我那时年龄太小,根本听不出这戏文的奥妙来。尽管戏台前的大人们如醉如痴,但我照样把一代豫剧大师优美的唱腔丢在了梦境外。

那年,河南省戏剧界的专家学者们,在封丘召开了豫剧祥符调研讨会。期间,我有幸陪他们流连盘桓在当年那个令我的乡邻萦怀的帅旦孙延德的墓前。

其时,旷野的麦苗刚刚抬头,几株白杨才吐出新绿,黄黄的迎春依然瑟缩在料峭的春风里。专家们神情庄重地告诉我:我们脚下这抔黄土,掩埋着中国豫剧的一段辉煌。

墓碑刚刚落成,上面写道:孙延德(1865-1947),男,艺名"白酥瓜"。豫剧祥符调奠基人之一。他一生从艺75载,能背诵360部戏文,是开封同乐舞台上最好的旦角。他先后教授豫剧科班13个,培养演员四百多名。旧时豫剧"五朵云"——李剑云、时倩云、阎彩云、林黛云、贾碧云,豫剧大师陈素真及司凤英、马双枝等均出自他的门下。

"既无馆室也无堂,寂寞孤坟对斜阳。"面对一代菊坛宗师,专家学者们双手合十,献上了无限的崇敬与哀思。

接着,汽车沿着蜿蜒的黄河大堤,东行40公里,我们来到豫剧祥符调发源地封丘县清河集村。这里是孙延德先生执教授徒、培养豫剧人才的地方。

清朝末年,清河集人许长庆(1868-1927),人称"六管主",子承父业,收留流浪乞讨儿童,在本村开办豫剧祥符调正规科班小天兴班。小天兴班每期招收孩子50名,学制4年,学员3年在班学艺,出师尽一年义务。

小天兴班前后共办8期,孙延德先生在此教授6期。从这里走出了李光仓、王致安("贯台王")、张子林("小妖怪")、王金玉("小火鞭")、刘朝福、周青山("杂面肉包")、"五朵云"等大批走红豫剧名伶。

只可惜,小天兴班于1927年,因管主许长庆在宗族争斗中被杀而停办。

许长庆,这位对豫剧发展做出过突出贡献的乡贤,死后就安葬在他的故乡清河集村。他的墓地南有奔腾咆哮滔滔东去的黄河,北有碧波荡漾沙鸥翔集的青龙湖。墓地四周绿树环绕,遍地芳草萋萋,环境甚是凄清幽静。

专家学者们站在许长庆墓前,默默肃立,犹闻豫韵百年丝竹之声。

戏曲中原：一曲水袖的行云流水

戏　　神

杨森武 | 文

　　杜希春，字少台，河南禹县（今禹州市）阁街杜庄人也，貌壮伟，人誉"城北徐公"。出世抓周，无视钱物玩具，唯取官帽朝服。相者云："此儿命相极贵，后必为王侯将相也！"父母大喜，节衣缩食，供子入学，期发达以光宗耀祖也。

　　成人，学富五车，经纶满腹，视官场黑暗，吏治腐败，遂不问仕途。于县城内设义馆，为受屈百姓写状。闲时攻戏剧，串生角，技压名优。尤擅著戏，凡著成，传演千里，名声振于中原，人称"戏神"。族人叹曰："子为王侯将相者，于戏台也！"

　　知县闻其名，下帖邀至衙内，置酒对酌，问曰："为幕僚，可乎？"春摇首曰："闲散惯，不愿为官也！"知县默然。良久，视春辫梢系一铜钱，大惑之，问何故。春笑曰："今为官者，无不贪也！我若为官，亦如此也！"知县赧颜曰："若如此，与君无缘矣！"

　　后春出入官场，辫梢皆系一铜钱。官吏知之，莫不恨之入骨。

　　某日，于馆中著戏，忽群优聚门，跪地泣曰："吾班金凤，为诸河余某掳于府中，乞君书状救之！"春闻言拍案怒曰："余某，豪强也！吾今为尔等雪冤！"遂奋笔疾书，状词立成，又率仗义者数百人，至衙门击鼓鸣冤。知县怯于众怒，拘余某至衙，杖责之。余某方释金凤。

　　金凤者，貌绝色，艺绝佳，越调班台柱也。感春恩，跪泣曰："愿来生为牛马以报。"春曰："吾救君，非图报也。愿君艺海求精，吾愿足矣！"凤喜，求著本。春乃编著《窦娥冤》《天门阵》等本。凤试演之，大获成功。

　　其时，逢光绪变法革新，春力赞之！新著《驱癖验方》，痛斥鸦片

【作者简介】

　　杨森武，湖北人。河南省作协会员，许昌市著名小说家。现供职于许昌市建设委员会。其代表作有长篇章回体小说《百里碑》、短篇小说集《口碑》。

之罪；又著《小寡妇上坟》《放脚》等本，革旧俗，张新风。凤每得新本，皆悉心演之，一时越调大盛！

春为倡变法，多游于江南。不日，慈禧政变，变法者做鸟兽散。春亦隐于杭州。

某日，于灵隐寺月下独酌，忽林中阴风起，一丽女子披发带血，立其侧，厉声曰："还吾头来！"春大惊，问曰："君有何冤，速诉之！为君书状。"女曰："吾，秋瑾也！为朝廷所害，知君为戏神，求著戏，以化万民！"

秋瑾者，革命党志士也。春久仰之，拜曰："君且自安，吾当以戏颂之。"女闻言化风入林。是夜，春急书，以革命为题，秋瑾、陈天华为角，三昼夜成本，名曰《同胞恨》。

本虽成，然众戏班惧革命之罪，无角敢演。春无奈，抚本长叹。

归禹，藏本于馆。凤闻之，求见。揽本大喜，曰："此本若演，必得万民之心也！"春叹曰："奈无班敢演也！"凤曰："越调班试演若何？"春曰："若上演，必为官府加害也！"凤慨然曰："妾身，君再生也！为君死而无悔！"拜求再三，春方允。

凤于许州首演，轰动全城。三日后，官府逮凤入狱，定于秋后问斩。

其时，春隐于禹县深山，闻官府欲斩凤，奋然赴许，谓知州曰："戏乃吾著，愿替凤死！"知州感其义，收春入狱，释凤。

秋后，押春至许城南校场，观者如堵。午时三刻，阴云密布，雷电交加，刀斧手欲斩之，忽飞镖击腕，空中闻人言："此乃戏神也，汝等焉敢害之！"众皆惊悚。再斩，空中巨雷鸣，光裂长空，刀斧手立毙。知州大惧，方罢斩。

许州众绅惜春之才，献金保春。知州惧神责、迫众怒，释春归禹。

春归馆，染疾卧榻，仍终日于榻中著戏。卧病日，凤常至榻前伺候，关怀备至，慰曰："君若此，此疾何日痊愈？"春曰："吾日无多矣，生一日，著一日，虽死无憾也！"

冬日，雪压山河。春自觉病沉，谓凤曰："吾众处则归尘俗溺死，独处则为群书溺死，死而逃矣！"握笔逝于榻。

辛亥年，武昌炮响，革命成功。凤率班于阁街杜庄村春冢前，含泪公演《同胞恨》，观者人山人海。演至陈天华投海、秋瑾被害，众无不泪潸……

戏　痴

杨森武 | 文

【作者简介】

杨森武，湖北人。河南省作协会员，许昌市著名小说家。现供职于许昌市建设委员会。其代表作有长篇章回体小说《百里碑》、短篇小说集《口碑》。

易湘山，河南鄢陵人，清末河南省城名旦。自幼不喜读书，酷爱戏曲，时常逃学，父亲责打数次，然终无怨无悔。传说，某日先生于馆教授《论语》，领诵道："子曰：'学而时习之，不亦乐乎？'"湘山随口念道："子曰：'学而时戏之，不亦乐乎？'"先生大怒，责备说："你天天沉迷于戏中，何成大器？"湘山回道："先生不要责怪俺，学生也想念书，可手里拿着书，心里还是想着戏啊！"先生弃书长叹："唉，父为知县，谁知生子如此不器呀！"遂罢馆而去。

自此，湘山再不读书，天天跑到城里的戏班子里厮混，混着混着，居然能上台串角儿了。父亲在外地为官，时常挂念儿子的学业，见儿子十七八了，学业无成，却成了个戏子，非常生气。那年回家，他将湘山捆绑在凳子上狠狠地打。湘山屁股挨着打，心中却念："父啊，你是戏台上的周瑜和华佗，儿便是挨打的黄盖、刮骨的关公呀！"虽然皮开肉绽，但并不觉得疼痛。杖罢，父亲将他锁在后院，不准他外出，每日供食，命他好好读书。

湘山躺在榻上，方才觉得身子痛楚，不由得大声呻吟起来——呻吟的声音极像旦角之声。到了半夜，忽然戏瘾大犯，大声唱起《秦雪梅吊孝》来。父母在前院听到，恼怒万分，可也没办法。父亲叹气说："生子如此，真乃家门不幸也！"

一连唱了几晚，父亲气极，一跺脚便走了，母亲不敢将他放出，只好任他在后院唱戏。

某夜，月光如水。湘山在后院自扮秦雪梅，唱到悲情处，声动巷衢。正入迷时，他忽听墙外有人鼓掌，十分惊奇，忙问道："谁在墙外？"不一会儿，墙头便出现一个俏丽女子的脸儿，摇着手悄声说："不要喊叫，我是商水赵家班生角金玉，听你唱了好几晚呢！如今你被困，我救你出来中不中？"湘山说："中是中，可是围墙这么高，怎么出去？"女子说："不要紧，我有办法。"一会儿，她便将一个长梯放下。

湘山便顺着长梯翻过围墙，在月下细细打量着金玉，见她身材苗条，美貌异常，心中十分欢喜，问道："你一个女孩儿家，敢救我出去，不怕我家人吗？"金玉说："我早就听说过你的名号，如今你困在家中，不如跟我到商水入班，依你的才干，今后一定会成为名角儿。"湘山点头道："能入你们赵家班就中了，台柱不用当，跑个龙套就足够了。"

湘山跟随金玉，连夜离开鄢陵，赶到商水县，进了戏班子。班主见湘山一表人才，且工于旦角，十分高兴，便叫他和金玉做搭档。二人配戏时，无论是唱《西厢记》，还是演《白蛇传》，竟珠联璧合、如鱼得水。不久，二人都成了戏班的台柱子。此后，从商水唱到外县，人们一听说是商水县赵家班，都来观看。后来一直唱到省城，戏班子名声大振，湘山和金玉也成了名角儿，两人的演艺惊动整个梨园。每次上演时，连乡村的人也赶到城里来看，有村民说："宁误一年的地，也要看湘山金玉的戏。"

某日，赵家班到巡抚府唱堂会，上演的剧目是《凤仪亭》，湘山饰貂蝉，金玉饰吕布。演至"貂蝉投池"一折时，湘山忽然看见父亲也在客座中，心中十分害怕。——其时父亲已升至藩台。好不容易演完戏，便急急忙忙离开了巡抚府。

藩台见貂蝉是自己儿子所扮，不由怒发冲冠，真想上前将他拧回府中，但碍着巡抚面子，不便发作。待堂会散后，连夜令兵卒赶到戏班，将湘山带回了藩台府。

父亲责令湘山跪在祖宗牌位前，叫他发誓永不再唱戏，母亲也哭着劝。湘山说："儿子这辈子就是这个命，不唱戏活不成。"父亲怒道："就是死了也不能当戏子！不然，我把赵家班遣散回商水！"湘山害怕父亲真的这样，便只好发誓不再唱戏。

此后，湘山果然一句也不唱了。可是，不唱戏，人便呆了：每日对着镜子傻笑，或抱着树木哭泣，渐渐疯傻了。父母请医治疗，并不见效，只好任他如此。

某日，荣禄到开封巡视，要看河南戏，并且点名要湘山和金玉唱。巡抚知道湘山是藩台的儿子，便和藩台商议。藩台说："他已经疯傻了，咋能上得台？再说，他在祖宗面前发过誓，只怕唱不成了。"巡抚冷笑道："荣大人是老佛爷的重臣，得罪了你我只怕没好果子吃哟！"藩台说："人已疯傻，上台唱砸了咋办？"巡抚听说，思忖良久，忽然拍手笑道："死马当作活马医吧，唱一出《宇宙锋》不也正好？"藩台无法，只好回府和湘山商议。湘山听了，呆呆地不做声。夫人对丈夫说："儿子这样了，哪里上得了台？"丈夫苦着脸儿说："得罪了荣大人，官不做不要紧，可脑袋保不住咋办啊？"便命人叫赵家班到府中将湘山领走了。

湘山回到赵家班，依然是疯傻模样。班主只好叫他唱《宇宙锋》，——疯子演疯子，居然比平日演得还要好！荣禄看了大喜，又点了《西厢记》《二进宫》等好几折戏。湘山演罢疯后，神志忽然清醒了，唱得一折比一折好！荣禄这回过足了戏瘾，十分高兴，赏赐了戏班子许多银钱。

许长庆和小天兴班

孙 兴 | 文

出封丘城东南20公里，巍峨雄浑、郁郁苍苍的黄河大堤横亘眼前，爬至堤顶，沿着蜿蜒曲折绿树成荫的柏油马路一直向东，一通"豫剧祥符调发源地"的石碑赫然耸立在路旁，清河集到了。

清代中期，封丘县清河集村许家是当地的名门望族。到了清末许大胖子这一代走向了鼎盛。

许大胖子一辈子生养了八个儿子，号称"七狼八虎"。八个儿子个个非比寻常，其中有五个儿子在外谋生。老二许长青、老四许长志均在官府任职。具体当的什么官，当多大的官，现已无从考证。老三许长太，是开封府衙的班头，相当于现在的公安局长。老五许长安在军中任职，有钱也有势。老八许长文是黄河提牌官，当时算肥缺；后因政绩卓著，调到朝廷里面做事。

许大胖子从小喜欢听曲看戏。一般来说，有钱有势的人都好这一口，只是这位许老太爷更加执着。四外八乡三里五村，但凡有说书的、唱戏的班子，他每场必到。管它是三九隆冬、雪花纷飞，还是三伏盛夏、酷暑难当，一律照看不误。

许老太爷身体肥胖，行动不便。盛夏看戏，他让人在太平车上搭建凉台。隆冬时节，再在凉台左、右、后三面围上篷布，脚下铺上厚厚的木板和棉毡，一把大圈椅放在台子正中央，面前放张桌子，桌子上茶点果品一应俱全。许老太爷坐在大圈椅上，身边有三四个人伺候着，舒舒服服看戏，直看得魔入迷如醉如痴。

久之，许老太爷觉着看外来的戏班不过瘾，且受许多限制。于是他和二弟合计，想自己办个戏班，啥时看啥时方便。

许家内有良田数十顷，外有滚滚财源，也算富甲一方，要办个戏

【作者简介】

孙兴，笔名"黄痴人""白汀"等，自号"晨露斋主"，河南封丘人。中国散文学会会员，河南省作协会员，河南戏曲学会会员。出版有散文集《蓦然回首》《文化感悟》，长篇小说《天光云影》，杂记《陈桥兵变史话》，豫剧伶人传记《封丘艺苑撷英》等。

角儿风采

班，小菜一碟。许家有人在外为官，也算有靠山，他的戏班就没人敢来找碴儿拆台。

经过不长时间紧锣密鼓的筹建，一个名曰"小天兴班"的戏剧科班应运而生。

多年后，许老太爷过世，六子许长庆（1868-1927），人称"许老六"，继承父亲未竟的事业，成为小天兴班的"六管主"。

许老六虽是一只眼，但却是个不折不扣的戏迷。尽管许老六出身富家，但却没有那些纨绔子弟的恶习。他性格刚直，心地善良，待人忠厚，是典型的黄河滩红脸汉子。他靠着众多弟兄的支撑，将小天兴班支撑着办了下去。他善于管理，治校有方，不辞辛劳，延聘名师，长年累月，坐镇科班，终于将小天兴班办得红红火火，声名远播。许老六为小天兴班的成长与壮大费尽了心血。

小天兴班，每期招收学员50名。学制4年，学员3年在班学戏，满师后，一年无偿为科班服务。学员在班学戏期间一切生活费用均由许长庆负担。学员满师后，演出一年的收入归许老六所有。

小天兴班前后共举办了8期。著名的豫剧大师孙延德，先后在小天兴科班执教6期。培养出众多的著名豫剧演员，为后来豫剧事业的兴旺发达做出了开山贡献。

清末民初，活跃在中原乃至全国豫剧舞台上的知名艺人，多是从小天兴班出科的。除豫剧祥符调奠基人著名旦角演员孙延德外，还有秦金声、李金成、郎高、张发金（"水上漂"），名青衣常金箱、花旦常金荣、彩旦常金香，著名武生常金玉、张才、秦大成，著名花脸常金生（"大狸猫"）、刘永春、段才、颜平等。他们灿若星辰，光耀华夏戏剧舞台。

民国初，豫剧祥符调优秀演员更如雨后春笋，有知名须生李光仓、王致安（"贯台王"）、张振中、庆贵、张子林（"小妖怪"）、陈玉亭、张新田，著名武生王金玉（"小火鞭"）、刘朝福，著名丑角周青山（"杂面肉包"）、田庆元（"五老羊"）、李德魁（"迷瞪丑"）、张洪盘，著名旦角李剑云（"戏状元"）、时倩云、林黛云（"二百贯"）、贾碧云、王絮亭、石柳湘、刘永鑫（"白菜心"）、聂良卿、筱次丙、冯焕卿、陈山林等。

其中"五朵云"最为杰出，红极一时。一个时期，豫剧祥符调艺人、票友、观众提起"五朵云"总是赞不绝口。

1917年省城开封出版的《豫言报》，有多篇评论提到"五朵云"之一的李剑云（小名"壮妞"，艺名"戏状元"），说他在《天仙录》中饰演的李皇后、《玉虎坠》中饰演的娟娟、《金盆计》和《湘江会》中饰演的无盐娘娘、《清官断》中饰演的翠红、《三上关》中饰演的樊梨花，唱腔优美，能文能武，做戏细腻感人。

邹少和先生在回忆李剑云时写道："宣统年间，小旦李剑云，天赋佳喉，清脆圆润，高下疾徐，婉转曲折，如珠走盘，无不如意。又善复制新腔。自李氏出，剧风为之一变，优伶界中感叹为空前绝后之才。"评价很高。

当时活跃在开封的义成班、公义班里的演员与琴师，几乎都出自小天兴班。

经过名师传授和正规训练的小天兴班的演员们，经常搭班到开封、封丘、长垣、滑县、浚县、卫辉、延津、原阳等中原各县，山东、河北、陕西、山西等省做巡回演出。

据记载，民国元年（公元1912年），小天兴班即在省城戏园演出，开豫剧在正规戏园售票演出之先河。小天兴班的演员们唱一处，红一处，轰动一时，成为豫剧界的一支劲旅、菊坛的一杆大旗。

小天兴班的精湛演技及引起的社会反响，也招来了嫉妒。戏台被砸、名角儿被抢的事件时有发生。班主许长庆为此伤透了脑筋。

许长庆虽在当地人脉颇旺，到了异地外县、外省，就无能为力了。于是，除了正常演出，许长庆整年累月为保护戏台、赎回名角儿而四处奔走，周旋于各地上流社会。为此，他花费了大量金钱和心血。这也是后来导致许长庆陷入经济困境的重要原因。

非常不幸，1927年许长庆在宗族仇杀中被害，终年59岁。许长庆去世后，许家开始衰落，以至于生活常常难以为继，小天兴班不得不停办，不禁令人扼腕。

许长庆去世二十余年后的1948年，许氏后裔重操旧业，延聘教师，招收学员，恢复清河集豫剧科班，试图重现许门科班昔日的辉煌。但世事动荡，战乱频仍，小天兴班的中兴最终流产。

从此，豫剧小天兴班走进了历史。

多样剧种

也只有在中原这块有着厚重历史与人文沉淀的土地上，才能催生出如此五彩缤纷的多样剧种与唱腔，它们各自都有着深厚的群众基础，它们以不同的方式演绎着中原大地普通百姓的悲欢离合，唱响着中华五千年的文明与苦难……

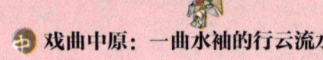

戏曲中原：一曲水袖的行云流水

豫　　剧

田新华 | 文

【作者简介】
　　田新华，又名田辛华。河南商丘人。著有长篇小说《凤凰》、中篇小说《红十字》《罪孽》《真想活着》等多部和散文集《秋日私语》。

　　豫剧是长歌当哭。早在幼年时我便记得，左右邻家死了人，总要请一班响器，以增加悲伤的气氛。响器一声一声吹下来，不要说亲人，就是许多路人，与那死者八竿子打不着的，也会被催下了眼泪，因那响器的声调里，有着千头万绪太多的悲怆与哀怨，让人禁不住悲从中来！

　　后来长大了些，知道中原一带许多的剧种都与历史上的战争、灾荒缕缕牵缠，是人们乞讨路上的歌。历史上的黄河，十年一决口，百年一改道，给这片广袤的冲积平原留下一条条干涸的河道，豫东、豫北并河北、鲁西南的大片土地，一眼望去沙窝盐碱，荒草萋萋。贫瘠的土地不长庄稼，却生戏曲与歌谣。这里的人们，一出娘胎便在乞讨的路上了，孩子们会说话便会咿咿呀呀，似语非语，似唱非唱，那是骨子里带出来的一分水韵与歌谣，就像那刘欢的歌里唱的："大河向东流啊……说走咱就走哇……"

　　豫剧是乞讨的歌。在明清时代，朝廷昏聩，战乱频仍，黄淮年年大水，在人们颠沛流离、四处乞讨的路上，有了最初的河南梆子，也叫"河南讴"。那时黄河流经这里，河上船家号子、船上渔歌，自不必说，仅黄河流水日夜滔滔，便是一首天地之间古老的歌。沿河两岸许多庙宇，终年香火盛极，航行中遇到风险的船家、发了财的商家，都要向龙王爷许愿或还愿，一年360天，总有300天，龙王庙里有大戏。后来著名的豫剧演员常香玉的父亲张凤仙，就曾在黄河岸边的一个戏班里唱角，常香玉一出生就在戏窝里，那光景真就如李娜的歌中唱的："你家在哪里，我家邙山头，吃过百家饭，走过千村路……"

最初是梆子戏,老艺人自编自演,口口相传。往往到得一个地方,人家门前一站,梆子一敲,小大姐、小大哥、老太爷、官娘子……见什么唱什么。艺人那里一张口,人就知道要饭的来了。不想听的,没等你一句唱完,一两个铜子儿,或者半碗饭、一块馍,打发你走路。若恰好遇了喜欢的,开门让进去,院里,或者冬天的屋当门里,整段整出地唱。再就是大户人家红白喜事,雇了艺人来,正经唱上一半天。艺人们后来就加了行头,唱老生挂一把胡子,老太缩个假纂儿,小女子红绣球、花裙子,手眼身法步,打上胭脂粉,挣个饭钱、戏箱钱,一饥半饱地唱了,再赶下一个码头……

细数河南的豫剧大师,几乎都是从讨荒的路上来,常香玉、马金凤、崔兰田……早年无一不是手提着要饭棍儿,肩背着琴弦或梆鼓,背井离乡,边走边唱,无处为家处处家,豫鲁苏皖,江淮秦川,一路晓风残月,将凄楚与悲凉都唱遍了。直到现在,豫剧唱腔里的说唱成分,以及慢板里的长调哭腔,无不带有当年乞讨路上的悲酸凄凉。

豫剧是流浪的歌。那时所谓的戏班子,不过是一辆太平车,戏箱行头,锣鼓梆镲,桌椅道具,走哪儿唱哪儿。曾经黄河水泛滥的日子,面对着一片汪洋,戏台就搭在水渍汪汪的河滩上。《白蛇传》《大祭桩》或者《风雪配》,台柱上朦胧挂几盏油灯,笃笃的梆子,人在那船上,船在那水里。河上有风,直刮得灯也呼扇,船也呼扇。天上寥寥的星月,直照得水也朦胧,人也朦胧。戏台上的文官武将、才子佳人,戏台下男男女女、芸芸众生,古老虚幻的故事,真实与恓惶的人家,一时间都好像在梦中,俱是缥缥缈缈的了……

古老的中原大地,戏是活人的养分,是

戏曲中原：一曲水袖的行云流水

父老乡亲的精气神儿。许多人一辈子大字不识，却能三皇五帝地跟你白话，究其根源，总是那戏里来。逢到风调雨顺的年月，收了麦，打了场，或者秋收已罢，这地方就成了戏窝，"五里三台戏"，锣鼓连成片。戏是连本的，一唱十来夜，常常那听戏与唱戏的，俱都发了疯，每天茶不思饭不想，净惦记那戏了！明知事是那前朝事，人是那戏中人，因了演绎的逼真，更因看者的入迷，一切就如同亲历了一般。偶尔哪里发一声响，或者演员一声长调，便就让人惊心动魄！笑是真心真意的笑，哭是痛彻肺腑的哭，随着那鼓那乐那梆子声声起起落落，就仿佛上下几千年，所有悲欢离合都在一瞬间里浓缩在自己心中一般，说不出的痛与快，不知不觉，一夜弦歌声，泪流知多少！

戏看完，人往家走。一路走，一路留恋，竟就想：戏要永远演不完，人一辈子都在那戏里该多好！然而回家的路，风是真实的凉，月是真实的亮，一路坎坎坷坷，一切都真实得让人沮丧！一路走着，心思虽云里雾里，无边飘荡，到底顺着大大小小的路，心儿魂儿又绕回到家门口。看到家了，忽儿才想起有话要说的，一张口仍是那鼓、那唱、那弦、那乐、那情、那意……如果这晚上看的是《铡美案》，便就有人单说老包的那口铡：眼看着人往里一塞，拦腰"咔嚓"，人就一断两截，咋弄的？有那懂点门道的，关子便卖得深沉：说不得，自是一手绝活。又问那血从哪儿来？这才说，是灌了红水的猪尿脬。我嘞娘，跟真的一样！叫完之后，大家又归沉默，又都入了戏一般……好一会儿，再说起话来，又一般境界了。

豫剧是乡土的歌。与别的剧种不同，豫剧里无论花旦、青衣、老旦、老生，一律的大本嗓，一张口便都是大白话，丝毫没有矫饰，一味地贴近生活，无论是《杨门女将》《三哭殿》，还是《打金枝》《秦香莲》，再怎样轰轰烈烈的正剧、喜剧或悲剧，一旦到了豫剧的舞台上，俱都消解为草民百姓的家长里短、儿女情长，一如国母娘对那金枝女的唱："你本是个帝王女，嫁民间，是民妻。"无论时代如何变迁，人走到哪里，豫剧永远是梆子、二胡、高腔大嗓，永远是原汁原味的乡土气息。记得有一回，在一个国家级的经典音乐会上，有一个曲目，是一个世界级的小提琴手与钢琴家合奏一支带有豫剧底蕴的民乐，那扑面而来的乡音乡情，在西洋乐伴奏下的凄楚哀婉与大气磅礴，竟叫人猝不及防地热泪盈眶！那情景一点不亚于他乡遇故知，异地逢亲人，如今想起来仍叫人心荡不已。

20世纪五六十年代，迎来了豫剧最辉煌的时期，先是豫剧大师常香玉一出大气凛然的《花木兰》，让普天之下所有女子扬眉吐气！《花木兰》在各地舞台上红火的这许多年，咱私底下总是想，如此的中华女儿英烈豪气，或许也就豫剧这种形式，才可以承载那大起大落、大喜大悲了！虽然豫剧后来在国内国外许多金碧辉煌的经典剧院演出，然而那句带着中原乡音的"谁说女子不如男"，仍然是早年讨荒路上的粗犷与豪放，仍然是"敢爱敢恨敢愤怒"的果敢与刚强！

《花木兰》提升了豫剧在全国戏曲舞台上的地位，也提升了河南人的形象，从此苦难的河南人似乎有了自己

的符号。紧接而来的一部有着浓郁生活气息的《朝阳沟》，更是让河南人随着书生女子王银环的翻山越岭走遍全国，但只要一句温馨爽意的"亲家母，你坐下，咱俩说说知心话"，人就知道：河南人来了。

时光到了21世纪，在一个电子音像、轻音乐、流行歌曲一统天下，许多民间艺术惨遭绝种断香的时候，河南电视台的戏曲栏目《梨园春》竟火爆得让人瞠目结舌！来自全国各地的打擂人，昨天还在大田地里耕作，今天便用了那只握镰锄的手，紧握着麦克风走上荧屏，一声声招魂般的长歌短调，重新点燃了中原古老文明之火，勾起了人们对传统戏曲那份骨子里血浓于水的遥远记忆……

就像当年的乞讨之歌与流浪之歌一样，如今豫剧又成了漂泊者的歌。新时期以来，随着外出打工者的队伍，乡亲们的足迹走向全国，每到一处，便把豫剧带到了那里。繁重的打工生活，但有闲暇，老乡们嘴里便会哼上几段黑老包，来上几声小红娘，以消疲解累。每到周末，河南电视台的《梨园春》那是必看的，对这些身在异乡的河南人来

戏曲中原：一曲水袖的行云流水

说，豫剧不是戏，而是来自家乡的亲情。人在他乡倍思亲，豫剧的一声一韵，都打从他们家乡的村村寨寨而来，也打从他们自己的血液骨骼里来，往往不期然的一声唱，便双行泪落满襟，那是沟通所有河南人五脏六腑七情六欲的唱，是让他们痛彻肺腑又酣畅淋漓的情。一年一年，唱着豫剧上路的人群里，走出了任长霞、魏青钢、洪战辉和李学生……他们用热血唱，用生命唱，唱着来，唱着去，唱"谁说女子不如男"，唱"走一道岭来翻一架山"，也唱"恨上来骂法海不如禽兽"……

豫剧成了河南人的胎记。数以亿计的中原人，全中国人口的1/13，他们在豫剧的底蕴中生，在豫剧的旋律中死，活着，有豫剧陪伴，死去，有豫剧送行，豫剧是他们的血脉和根底。有人曾做过这样的统计：中国除了京剧之外，也就豫剧了，竟能在13个外省建有豫剧团。除京剧之外，中国再没有任何一个剧种，能像豫剧这样拥有众多的传唱者与喜爱者。如果说戏曲是一个民族的根，豫剧便是民族文化的源头之一。常有人说，河南人都喜欢豫剧，而喜欢豫剧的不一定都是河南人。不能想象，一亿多人口基数足迹遍布全国的河南人，如果没有像黄河水一般浑厚浓烈又荡气回肠的豫剧，我们再到哪里去寻找那只可以承载我父老乡亲经年苦难与悲欢的生命之船？

"你家在哪里，我家邙山头，吃过百家饭，走过千村路，学过百灵叫，听过黄河哭，敢哭敢笑敢愤怒……"常常，我一个人站在阳台上，听路边的街心花园里豫剧票友们的倾情酣唱，内心充满忧伤与感恩，忧伤是对这片苦难土地的深深眷恋，感恩这片土地上的新老艺人，他们用一声声凝结了血泪悲欢的生死绝唱，滋养了我的乡土、我的生命、我敢爱敢恨的真情人生。

多————样————剧————种

梦断河南戏

上 城 | 文

妈妈告诉我说，我满月的时候，有豫剧团来村子里演出，奶奶那天就抱着我去听戏。戏唱完后，奶奶就把我抱到后台，让戏班子里的人给我开了个脸谱，秦琼的，想必是红脸。再抱回家里后，吓了妈妈一大跳。按照当时我们当地的说法，这样孩子会容易养活，长大了也容易成才。

我不知道我后来成为我们村第一个大学生是否与此有关。我知道的是，我小时候爱听戏，经常缠着奶奶带我去听戏。那时候因为觉得奶奶更偏袒二叔家，妈妈跟奶奶闹不合，因为我跟奶奶去听戏，还挨了妈妈几顿扫帚。

我出生那年，正好生产队分队，开始实行包产到户，由于是按人口分，刚满月的我就有资格和大人一样，分一份田地，还有原属于生产队的苹果园的几棵苹果树。那些苹果树至今还在生长，但是由于疏于管理，已经不能冀望从它们那里收获果实。

据爸爸生前跟我说，那时候每个生产大队都有宣传队。宣传队一般都是唱豫剧，宣传政策，京剧的八个样板戏也被改编成豫剧演唱。现在爸爸那个年龄以上的人大都会唱豫剧版的《沙家浜》和《智取威虎山》。生产队解散以后，宣传队也跟着解散。但是，村民们听戏的传统却没有就此中断。一直到我上小学之前，每年都有一些从河南来的剧团来村里演出，演出完的第二天，演员们就每人拿着个搪瓷缸子挨家挨户敛粮食，一家一缸子，体面的人家和爱听戏的人家会多给些。

那时候挨着我们家西边有个戏园子。所谓戏园子，就是一块荒废的宅基地，坐北朝南砌一座戏台子，剧团来了，就自己拉上幕布，搭起后台，锣鼓家伙敲起来，村民们就会搬着板凳聚在戏台下，听戏。有的戏班子来得勤了，就跟村民们建立起了友谊。爱听戏的奶奶就喜欢跟戏班

【作者简介】
上城，山东人。知名博主。

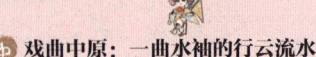
戏曲中原：一曲水袖的行云流水

子的演员拉家常。

　　我们县地处苏鲁豫皖四省交界之处。山东没有强势的地方戏，安徽的黄梅戏太过绵软，也不对我们家乡的民风，苏北也没有强势的地方戏。于是，最能为我们接受的，就是字句铿锵、情绪激昂的豫剧了。苏北、皖北、鲁西南和豫东地区民风民俗和方言大体相近，夹杂着大量的方言的豫剧也容易让乡亲们觉得亲切。

　　与江苏和安徽比起来，河南离我们更近，就几十里路，过了黄河故道就是。所以我们的方言不像山东倒像河南。以至于在上大学后的很长一段时间内，因为河南人众所周知的口碑，我一直羞于说起自己的方言。不可救药的是，每当听到河南口音，我还是会有一种找到老乡的错觉。与青岛、烟台等地的老乡，反倒觉得隔得远了。

　　现在我们都已经知道，河南人口众多，资源也贫乏，且历史上灾害频仍。黄河多次改道，给河南人带来了最为惨痛的记忆。老蒋炸开花园口，淹死的人数以百万计，也成为河南人心头一道永远的伤口。以至于数十年后，身为河南人的刘震云写出了一个无法用文体归类的作品《温故一九四二》，其历史沉重之感，让人想起张承志的《心灵史》，后者主要写回教的一支——哲合忍耶的苦难史。冯小刚也终于将《温故一九四二》拍成电影，改变自己商业片导演的形象。诚心而论，这真真是历史大公德一件。

　　解放后三年自然灾害的时候，河南也遭遇了空前的饥荒。有数字说三年间饿死了3000万人，直追"二战"的死亡人数。这点可以从《顾准日记》中看出端倪，顾准详细描述了当年信阳地区饿殍遍野的情况。

　　基于生存压力，河南人不得不背井离乡，四处流浪。由此河南人也被称为中国的吉普赛人。到我们家乡的要饭的，就多为河南人。直到现在，一提起要饭的，大家的第一反应也是河南人。以至于我们附近村子过去有个游手好闲的光棍儿，平素以乞讨为生，对外也宣称自己是河南人，似乎这样可以博得更多的同情。那时候没有接触过江浙人和广东人，在我们看来，河南人才是最有经济头脑的，手脚也灵活，出了很多手艺人。路遥的小说《平凡的世界》中，帮孙少安烧砖窑的，就是一个河南人。

除了手艺，还有艺术。出去讨饭，干巴巴地伸出手，是没有几个人愿意给的。如同现在地铁里弹吉他唱歌或者拉小提琴的流浪艺人一样，河南人要出去讨饭，也得先学会几句唱词。伸手乞讨之前，先唱上几句，更容易给人以靠本事混饭吃的错觉，也让讨饭者自觉有了些许尊严。因为有着相似的生活境遇，以及长期的耳濡目染，河南戏也就容易被中原地区的人民接受，得以在中原地区广泛流传。

河南戏品种众多，除了由河南梆子演变而来的豫剧之外，我们经常听到的，还有一个人边拉边唱的坠子书，代表剧目是《罗成算卦》和《陈元打擂》。另外还有一种河南大鼓，也是只有一个人、一架牛皮鼓，开场白多为："我把咱老少爷们儿都请来到，你们蹲的蹲站的站在我两旁，我要是唱得好了你别说好，我要是唱得孬了你多原谅……"

能够受欢迎的剧目，要么幽默欢快，要么就是苦情十足。前者如《拉蛤蟆》，后者如《秦香莲》。曲剧也是河南戏的一种，其代表剧目《卷席筒》里小苍娃"我的大老爷呀！你稳坐在察院"的一段唱，就催人泪下。这段唱先慢后快，越来越快，最后突然煞板，把事情的原委经过"前前后后、左左右右、曲曲弯弯、星星点点、一点儿不留一齐往外端"，真是字字情、声声泪，感人至深。小学时，有个同学因为喜欢唱《卷席筒》中"小苍娃我离了登封小县"一段，落了个"苍娃"的雅号。曲剧似乎更容易演绎悲剧，其他的名剧还有《陈三两爬堂》《王宝钏坐寒窑》等。

受这种戏曲风气的影响，很多穷人家的孩子如果养活不起，就会被送到戏班子学戏。我家隔壁邻居家的留臣嫂子，就是自幼学戏的。但是自从嫁到我们村之后，就再也不愿对乡亲们提起那段往事。只是，在呼唤孩子回家吃饭时，仍能听出其声音之清脆，而其身材也能在生过三个孩子之后，依然保持着与她的年龄不相称的轻盈。

我的姑姑也是学戏的，最早就是在生产队的宣传队里司职花旦。后来，姑姑远嫁到黑龙江，数十年没有回过家乡。奶奶过世时，她终于奔丧赶了回来，我也第一次见到

戏曲中原：一曲水袖的行云流水

了只在电话中听过声音的姑姑。回忆起宣传队的往事，年届50的姑姑脸上仍然浮现出幸福的笑容。妈妈后来告诉我，在我给姑姑拍的一张照片中，从姑姑站立的姿势仍可看出姑姑当年练功打下的底子。

豫剧分豫东调和豫西调。豫西调的代表人物是常香玉，其唱腔较为婉转，唱词也较为古雅，更容易为庙堂接受。但是，常香玉虽然贵为"人民艺术家"，在我们家乡却没有太大的知名度。我们听的戏多是豫东调，代表人物是马金凤和刘忠河。这两个人在我们家乡是妇孺皆知，其中马金凤就是我们隔壁的山东曹县人。马金凤的经典剧目有讲穆桂英挂帅的《五世请缨》，和讲程咬金的老婆的故事的《七奶奶》，以及讲罗成的爱情故事的《花枪缘》，这些剧目后来都被拍成了电影。刘忠河是唱老生的，经典剧目是《打金枝》和《刘墉下南京》等，这些剧目老人们都耳熟能详，张嘴就能跟着唱。

与豫西调比起来，豫东调更显得"土"。唱词平白且有较多方言土语，还会夹杂一些骂人的话，或者荤笑话。甚至会不时冒出一些出人意料的旁白来，就是演员跳出剧情，即兴对剧中人物联系现实加以评论，调动现场气氛。就唱腔来说，豫东调激昂又不乏平实，容易上口，无扭捏之态，多阳刚之气。即便如秦香莲那般的苦命女子，也会被唱出些许巾帼气来。

豫剧善于表现女英雄。无论是穆桂英、花木兰，还是姜桂枝，还是七奶奶，无一不是女中豪杰。经由马金凤等人刚健豪爽、清脆明快的唱腔表现出来，极易调动观众情绪。比如众所周知的《花木兰》中《谁说女子不如男》一折，开题即为"刘大哥讲话理太偏"，透着一股子干脆利落。这也与中原姑娘们好强且任劳任怨的劲头相符。

与之相比，以昆曲为代表的南方戏则要含蓄闷骚得多。唱起来也多是花花草草、莺莺燕燕，许久不入正题。在我们家乡的父老听来，且不说听不懂唱词，但就其百回千转的唱腔，就已经不胜其烦。最经典的昆曲《牡丹亭》中《游园惊梦》一折："原来姹紫嫣红开遍，似这般都付与断井颓垣。良辰美景奈何天，赏心乐事谁家院！……朝飞暮卷，云霞翠轩；雨丝风片，烟波画船！锦屏人忒看的这韶光贱！"昆腔唱来，美不胜收。但是无法想象豫剧中会有如此唱词，即便有，唱起来也定是佶屈聱牙。要起兴，豫剧顶多也就用用"走一道岭来翻一架山"。

如同京剧一样，在新中国成立之后，为

了宣扬社会主义新风尚,建设社会主义新农村,传统剧目之外,豫剧也出现了很多现代剧目。最经典的当数《朝阳沟》,讲的是一个城市姑娘嫁给一个农村小伙子的故事。这是父亲在世时最爱听的剧目,也是妈妈最爱听的剧目,也许这中间夹杂着对我的某种期待。

现在,河南电视台有个节目叫《梨园春》,已经持续火爆了很多年,生命力比《综艺大观》还要长久。这就是一台唱戏选秀的节目,每期有数名选手报名参加,很多选手由此出名。有个叫秦梦瑶的小女孩就是因为在《梨园春》中的杰出表现而成为中原地区的名人,在我们那一带,她的名气要远远大于李宇春。

事实上,有了电视之后,每到年关,就会有很多老人做寿,儿孙辈为示孝顺,往往都会在县电视台的点播台节目中为老人点播一出老人爱听的戏。于是,就如同当年看戏班子在村子里唱戏就能学会一些剧目一样,电视里看得多了,有年轻人也能随口来上几句,虽然唱起《两只蝴蝶》来可能要顺口得多。

去年的某个时候,到北大百年讲堂看戏曲名段演出,其中只有一个豫剧节目。是一位年届中年,曾经获得过"梅花奖"的女演员唱现代豫剧《香魂女》。这名演员穿着土布衣服,一副中原地区农村妇女打扮,与之前锦衣华服的几折京剧相比,显得格格不入,使我想起了自己第一次走进五星级饭店时的情景。但是一折戏下来,竟然让我热泪盈眶,仿佛回到了从前。演唱完毕,观众一阵静寂,而后掌声雷动。

那一刻,我不知道能和谁分享。我上了中学以后,奶奶离开了我们,带着一肚子戏文。彼时我家西侧的戏园子早已不见了踪影,村里也再没有河南人来要饭了。每天晚饭后,大家也都待在家里看电视,再也没有露天电影,再也没有唱戏的和耍把戏的人来敛粮食。再后来,爸爸也离开了我们。

如今,我们前面的一个大村子里,每年农历三月三前后几日,仍然会延请一些戏班子对台唱戏,村里出钱。对家乡的人来说,这几天比过年还要热闹喜庆。仍然是要早早地搬板凳占位子,仍然有小贩此起彼伏的吆喝,台上的演员也还是会插科打诨。不同的是,两个大号的音箱取代了原来的高音喇叭,而看戏的人群中,再也找不到我的奶奶和爸爸。

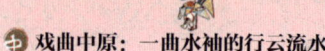

河南的曲剧

冰 心 | 文

在全国百花齐放的地方剧种之中，有一种菊花似的优雅宜人的，是河南的曲剧。

去年3月，我在郑州的一夜，有个"曲剧"的晚会。我不知道曲剧是什么，以为是我听过的河南坠子那种的说唱，也因为有点不适，正想不去赴会在舍休息，一位当地的朋友竭力劝我，说曲剧是比较新的河南剧种，好听得很，一定要去见识一下。我去听了，果然很好，以后凡有曲剧的晚会，我都去听。

对于戏剧，我是个外行，唱做和音乐的流派，我都没研究。我喜欢的是曲剧的唱腔很幽雅，伴奏的乐器有筝、笙、坠子、二胡等，铮钅从抑扬，十分悦耳。那夜看的我记得有一出《赶脚》，是小型歌舞喜剧，演的是现代农村故事，对话和身段都活泼明快，很像我小时候在山东农村看的新年过会时节，农民自演的那种小喜剧。后来我找个机会，去访问他们的剧团，从李金波团长的谈话里，我高兴地知道这个可爱的剧种，果然是从农村发源的。

李团长说：曲剧是民歌搬上舞台的，它的前身是农民在冬闲时节传统娱乐的"高跷"。伴奏的乐器主要的本来只有坠子，去了高跷，搬上舞台以后才加上筝、笙等其他的乐器。曲剧的好处是音调幽雅，吐字清楚，唱的牌子如《满江红》《银纽丝》，多半都是古调，但是它能够生动地传出悲愤和欢悦的情绪，甚为农民所喜爱。1927年以后，农民为生活所迫，就由冬闲扮演变成了职业演员，那时的舞台，也只是桌子搭的，我们自己背着行装，在农村中巡回演出，搭起桌子，立刻上台。剧目多是反映农民反封建反旧式婚姻的故事，国民党头子刘茂恩因为农民

【作者简介】

冰心，原名谢婉莹，福建人。近现代伟大的诗人、作家、翻译家、儿童文学家。曾任中国民主促进会中央名誉主席，中国文联副主席，中国作协名誉主席、顾问，中国翻译工作者协会名誉理事等职。

爱听,就借口说曲剧演的都是有伤风化的爱情故事,下令取缔。这时我们的生活是极其困苦的,敌伪时期,我们是靠着演剧,到处逃难,直到河南解放了,才得到生机。

不用说,曲剧和其他地方剧种一样,得到了党和政府的爱护和支持。李团长谈到这里,是又感激又兴奋的,这个曲剧团由开始的七八个演员和两个人的乐队,发展到一百多个演员和十四五人的乐队,1950年起,还有了女演员。剧目也有了很大的变化,从前小型剧有《小放牛》《蓝桥会》,大型剧有《白蛇传》《陈妙常》等,现在又在党的领导下新编了许多以近代农民工人生产斗争为内容的剧本,1958年在城市和下矿下厂下乡一共演出550场,受到工农大众很大的欢迎。

为人民所喜爱的曲剧是有前途的,河南全省现在有38个曲剧团,河南戏剧学校还有

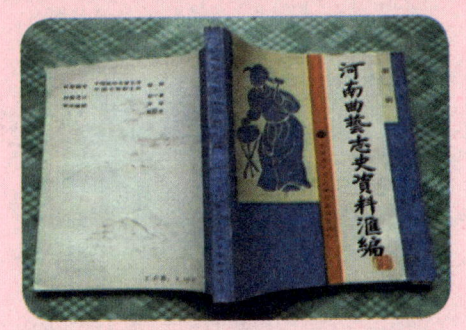

曲剧班,剧团和剧班的政治文化生活都很健全丰富。曲剧的小演员们,和其他剧种的小演员一样,在党的春风化雨之下,蓬勃地成长,他们立志要把这个可爱的剧种的优美传统,发扬光大起来。

我很喜欢曲剧,特别是它的小型歌舞剧,是那么朴素、活泼、自然而风趣!从报上看到,郑州曲剧团首次来北京公演了,没有看过曲剧的人,何妨去"见识一下"。

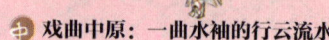
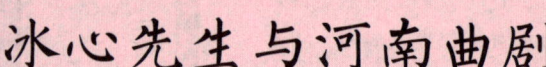

冰心先生与河南曲剧

赵长春 | 文

冰心先生为河南曲剧做了一个很好的广告。

1960年1月9日的《北京晚报》刊登了冰心先生的一篇文章《河南的曲剧》，文章中说："在全国百花齐放的地方剧种之中，有一种菊花似的幽雅宜人的，是河南的曲剧。"冰心先生在开篇即称赞河南曲剧。她说，1959年3月，她在郑州的一夜，听从了一位当地朋友的劝说，看了一个曲剧的晚会。"果然很好，以后凡有曲剧的晚会，我都去听。"

那夜冰心看的戏中有一出《赶脚》，是小型歌舞喜剧，演的是现代农村故事。冰心在文中说："对话和身段都活泼明快，很像我小时候在山东农村看的新年过会时节，农民自演的那种小喜剧。后来我找个机会，去访问他们的剧团，从李金波团长的谈话里，我高兴地知道这个可爱的剧种，果然是从农村发源的。"

我不知道李金波先生是否还健在，也不知道当年的剧团叫什么名字，冰心先生因何来河南，几时来几时去，下榻何处，在哪个剧场看了"曲剧的晚会"⋯⋯这一段旧事，如果深入挖掘，当是一出文艺界的佳话，也一定能为河南的文史资料添上缤纷多姿的一笔。

当时，李金波团长向冰心先生介绍说："曲剧是民歌搬上舞台的，它的前身是农民在冬闲时节传统娱乐的'高跷'。伴奏的乐器主要的本来只有坠子，去了高跷，搬上舞台以后才加上筝、笙等其他的乐器。曲剧的好处是音调幽雅，吐字清楚，唱的牌子如《满江红》《银纽丝》，多半都是古调，但是它能够生动地传出悲愤和欢悦的情绪，甚为农民所喜爱。"

关于曲剧，我手头有一段摘自《河南曲艺志》的文字，可以为李团长关于曲剧的来历的话予以补充和佐证："民国十五年（公元1926年）农历四月初七，临汝县郑铁炉村朱万明、大张村关云龙率领'同乐社'

【作者简介】

赵长春，曾用名"春子"，河南南阳人。作品散见于《莽原》《百花园》《小小说选刊》《读者》《中国青年》《河南日报》等报刊。出版有小说集《我的袁店河》、散文集《我的望窗季节》、诗歌合集《闪烁的群星》。

多样剧种

一行16人去登封县颍阳乡三里李洼村演出,因天下雨不能踩高跷,应观众迫切要求,去掉高跷拐子登上该村戏楼演唱,演唱的节目是《祭塔》等,结果收到出人意料的效果。1930年前后,朱万明等人办起了'高台曲'曲剧班社,并向兄弟剧种学习表演程式,伴奏乐器也逐渐增多,成为健全的'文武场',形成完整的地方戏曲。抗日战争时期曲剧迅速发展,遍及全省主要县市,直至安徽临泉一带都有河南'曲子戏'演出。1956年河南省首届戏曲观摩演出大会鉴于朱万明对河南曲剧形成的贡献,授予他荣誉奖,临汝县也被誉为河南曲剧的发祥地。"

读着这些,眼前走动着舞台上的白娘子、许仙、陈三两等人物形象,耳边回响着张新芳、海连池、马琪、胡希华等艺术家的曲剧唱腔,为中原文化的博大精深感慨的同时,也为一些老艺人身处逆境而不坠戏志的坚定态度所感动,为党和政府爱护、支持民族文化的决心而感激和高兴。

曲剧也称"高台曲""曲子戏",20世纪50年代改称为"曲剧"。其唱腔和音乐优美抒情、婉转动听,富有浓郁的民歌风味。1960年,河南全省有38个曲剧团,河南戏剧学校还有曲剧班,剧团和剧班的政治文化生活都很健全丰富。李金波团长率领的"这个曲剧团由开始的七八个演员和两个人的乐队,发展到一百多个演员和十四五人的乐队,1950年起,还有了女演员。剧目也有了很大的变化,从前小型剧有《小放牛》《蓝桥会》,大型剧有《白蛇传》《陈妙常》等,现在又在党的领导下新编了许多以近代农民工人生产斗争为内容的剧本,1958年在城市和下矿下厂下乡一共演出550场,受到工农大众很大的欢迎"。

1960年1月,郑州曲剧团首次到北京公演,冰心先生从报上看到了这一消息,想到了河南曲剧的"朴素、活泼、自然而风趣",就写了《河南的曲剧》这篇文章。在文中她鼓励"没有看过曲剧的人,何妨去'见识一下'"。

冰心先生很谦虚,在《河南的曲剧》一文中,她说:"对于戏剧,我是个外行,唱做和音乐的流派,我都没有研究。"作为"外行"的冰心先生如此看好河南曲剧,不正恰恰印证了曲剧的魅力和美丽吗?

感谢冰心先生。

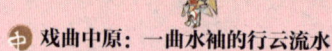

戏曲中原：一曲水袖的行云流水

有谁在挽留

孟 冉｜文

"天——宽——地——阔——"不到6点，11岁的张昊就起床了，他先在老师的指导下排了40分钟戏，然后练声，之后抹着汗跑到食堂打饭。

张昊所在的学校，位于社旗县唐庄乡漫流寨村附近一个废弃的工厂内，周围荒草萋萋，人迹罕至。学生寝室和排练大厅由几间破旧厂房改成。不大的校园黄土裸露、野草疯长，唯一一块水泥地，面积约半个篮球场大小。

在这所名叫"南阳艺术学校社旗分校"的学校，张昊和十几个师兄师弟师姐师妹，苦学越调，唱念做打，无论晨昏，不分冬夏。"四千岁，你莫要羞愧难当……"那一声穿越三国的激昂腔调，从一群少年嘴里唱出来，其韵味自然无法跟大师相比。难得的是，他们小小年纪，一句唱念一个亮相，都是为了河南越调的薪火传承。

"揣摩诸葛亮"难为少年郎

一曲终了，张昊合上曲谱本，下场，坐回座位。

"远望祁山心潮滚，极目秦岭思绪纷……"这一出自越调戏曲《卧龙自贬》的唱段，是张昊在暑假前学的。8月27日早上，他再次练唱，音准拍合，句句在板儿。

感觉良好的张昊，满脸喜色，他端坐在板凳上，等着老师表扬。"咋像念经一样？唱得不行！"老师刘金璞一开口，直接否定了他最得意的学生。"公元228年，北伐街亭失守，诸葛亮挥泪斩马谡，自贬为右将军。这个戏，讲的就是那时候，知道不？"刘金璞给孩子们讲起

【作者简介】

孟冉，河南淮阳人。报社记者。

一千七百多年前的三国往事,从诸葛亮对战事失利的气急,到对讨伐敌人困难重重的忧虑,再到触景生情的复杂心态,最后点明张昊失败的要害在于——不进入角色,不揣摩诸葛亮,"唱音再准,没用!"

教室里,一片寂静。十几个孩子,低着头,一声不吭。

体味并抒发千年前的诸葛亮那一刻的心情,实在太难为10岁的少年张昊,以及他最大18岁、最小才9岁的同门学友!

下课前,学生们领到两项作业:一是继续研读《三国志》;二是假想自己在风雨交加夜,思念远方父母却孤独无助,以此纷乱心绪"揣摩诸葛亮"。刘金璞说,学戏,不仅需要唱功好,"上了台,你就得入戏,一个手势一个眼神一个亮相,都得是你演的那个角,而不是你自个儿"。他感叹,这些娃娃们,嘴上唱着,心里却想着上网、打游戏,"现在孩子都金贵,打不得骂不得,不比从前科班老艺人对待徒弟那一套。学艺跟学习文化课不太一样,培养他们的悟性,真不是件容易事儿"。

公园里挖来的"苗子"爱唱戏

"叫我也唱唱呗,我会唱诸葛亮。"一个小孩仰着脸,央求拉弦子的老者。老者微笑应允,小孩伴着弦音,有板有眼地唱起"四千岁你莫要羞愧难当……"一曲唱完,围观听众掌声四起,都夸"娃儿唱得真不错哩"。

去年暑假,这一幕发生在南阳市一个街头小公园,恰巧被路过的刘金璞看到。那个小孩,就是张昊。

"这孩子唱得不掉板儿,我觉得是个好苗子。"刘金璞在社旗县越调剧团工作多年,2010年8月,该剧团与南阳市艺术学校共同创办了一所艺校,专门培养越调戏曲演员。刚刚退休的刘金璞受聘该校,担任声乐兼文化课老师。

相传春秋时期,越国名将范蠡带着西

施来到河南南阳过起了平静的田园生活,日子久了他们开始怀念越国,于是编写歌曲排解惆怅,曲调逐渐演变为戏剧,据说这就是后世的越调。上世纪60年代,周口越调演员申凤梅赴京,其扮演的诸葛亮角色被赞誉为"活诸葛",周恩来总理曾请她到家中做客,著名京剧表演艺术家马连良先生破例收她为徒。

"'活诸葛'成就了申先生一代越调宗师的崇高艺术地位,越调也因此重焕青春。"艺校办公室主任魏天葆直言,但一个不容回避的事实是,越调剧种一直处在狭窄的独木桥上,特别是"文革"期间,越调更遭无情摧残。"如今,河南越调专业剧团不少,但都比较低迷,人才匮乏到了青黄不接的地步。我们办艺校的初衷,就是希望越调后继有人,不要断档。"他说。

没有学费,只需交200元报名费和每天不到10元的餐费,就能进入南阳艺术学校社旗分校。虽说收费门槛很低,但来学习的孩子并不多。"学生睡的是大通铺;排练厅是工厂车间改造的,空调都没有;一天下来,想洗澡都要趁天黑到附近小河里去,条件太差了。"校长张留根说,当然,他们在接纳学生时也有标准:有一定天赋,喜欢唱戏和表演。

偶遇张昊,刘金璞喜不自禁,他亲自登门造访,得知孩子才从乡下定居南阳市,尚未找到合适学校,遂征得其父母同意,把小张昊带回了艺校。

"刚来时想爸妈,现在不想了。"张昊说,现在他每天喊腔练功,没空想别的,就觉着学越调"可有意思"。

一大一小配戏才子佳人

一对才华出众的双胞胎兄弟,家境贫寒,靠卖诗文为生。弟弟王玉琪被大户人家的美丽小姐姜菱妮相中,天长日久,暗生情愫。哥哥王玉琦从小和余蒲姐指腹为婚,余父却嫌贫爱富,又偷偷将余蒲姐许配给了姜菱妮的年老兄长。在余蒲姐出嫁前一天,王玉琦跑到姜家讨说法,引发一连串矛盾和冲

多样剧种

突。后在姜菱妮的巧妙安排下，玉琦和蒲姐、玉琪和菱妮两对有情人终成眷属。

"我演姜菱妮，他演王玉琪。"19岁的王聪指着张昊告诉记者，这出越调古装大戏《双锁柜》，他们已经排练了很长时间，其中的唱段和念白早已熟稔。和"小时候跟着电视学唱戏"的张昊不同，来自社旗县下洼乡闫庄村的王聪，打小跟当业余越调演员的父母学了不少唱段。艺校成立后，王聪成了第一批学生。

"姜菱妮啥性格呀？"我问王聪。"聪明，勇敢，仗义。"王聪咯咯笑着，又接着说道，"别看张昊年纪小，可机灵，俺俩配戏最默契了。"一旁的张昊不好意思地挠挠头皮，说："王聪姐演得比我好。"

在艺校，王聪年龄最大，张昊年龄最小。"他俩配的这场戏，登台没问题。"刘金璞说，根据二人的特点，王聪的行当方向是旦角，而张昊则主攻生角。

帝王将相、才子佳人，对十几岁的少年来说，委实太过虚幻和遥远。"在台上，我是古人，卸了妆我是王聪。"这个头发染成金黄色的女孩诡秘地眨眨眼，说，"走出排练厅，我就有

75

穿越时空的感觉,挺美的"。

孩子们的梦想和老师的忧虑

今年6月27日晚,一场来自南阳艺术学校社旗分校的汇报演出《拾玉镯》,引来三百多名观众的阵阵喝彩。

"观众有南阳市和社旗县领导,有学生家长和普通戏迷。"张留根透露,作为一所省教育厅备案的全日制越调艺校,学生以12岁为节点,分作三年制和五年制。

"我要学五年,将来表现好能进县剧团。"对未来,张昊充满憧憬。他说不会因为在学校"吃不好,睡不好"而放弃学戏,梦想着成为一名正式越调演员,不但要唱到河南的电视上,还要唱到北京的舞台上。

对张昊的刻苦和志向,老师们既欣慰又担忧。"张昊是个好苗子,进步相当快。有机会的话,毕业后可以考虑保荐他到高等学府深造。"刘金璞说,他担心的是,孩子毕竟年龄小,随着课业的加重和要求越来越严,难保他不会开小差,落个前功尽弃。

又一场戏开练了,张昊真的不见了人影儿。找了半天,看见他从校长办公室跑出来。"又去我屋玩电脑了?"张留根瞪着眼,厉声训斥。

"越调曾经很红火,最近十几年却滑坡严重。"刘岩,34岁,艺校基本功老师。他15岁进入社旗县越调剧团,武生行当。每天,刘岩至少待在排练厅一个小时指导孩子们走台步、练亮相。"学生最多时35个,现在只剩下17个,除了一些自身条件受限的孩子,也走了好几个苗子,可惜得很。"

8月28日中午,一个来自平顶山的30岁的女子通过别人引荐,来到艺校想插班学习。"只要她有潜力,肯吃苦,年龄大点儿我们也录取。"张留根挺高兴,说在越调剧种日趋边缘化的今天,他们对每一个有志于越调的人都心存感激。"你知道吗?在整个南阳市,50岁以下真正喜欢越调的,不到10个人。"刘金璞用手指敲击着桌面。

多样剧种

越调，我怎么爱你

马连福｜文

很难想象，这位老人居然已去世整整20年了！老人叫申凤梅，河南省越调剧团的演员。已经很难说明越调是申凤梅的代言，还是申凤梅是越调的代言，我只知道是这位老人托起了越调。但是在今天，谁还能想得起越调来？越来越少了！

印象里，越调人当年晋京演出，到中南海演出，受到了周恩来总理的邀请和款待。马连良欣然收申凤梅为徒，当时有诸多的名家，如老舍、曹禺、袁世海等都对越调有非常高的评价和期望。那个时候的越调让当时的京剧院全院学习研讨。

1995年，申凤梅去世前两个月的时候，她和剧团再次到北京演出新戏《七擒孟获》。当时的人们看到她拼尽了最后的力气，在舞台上潇洒酣畅地表演，为观众真诚地表演。当是时，她老人家在后台打着吊针；为了撑起戏服，在身上、胳膊上

【作者简介】

马连福，山东人。目前就读于北京电影学院。

戏曲中原：一曲水袖的行云流水

绑上海绵，坚持唱完了这一出戏。申凤梅带越调剧团到北京演出，刘少奇的夫人王光美几乎一场不落，都要亲自到场观看。只是，我们知道，打从申凤梅去世后，20年来这出《七擒孟获》的戏再没有演出过。

为什么今天的越调知道的人越来越少？当年那个让周恩来总理和文艺界前辈非常赞叹的河南越调，如今究竟是怎么了？大概是因为越调的顶梁柱塌了20年的缘故吧。

如今尚还记得越调的人们对越调的那份感情，大多源于这个顶梁柱——申凤梅。如果没有这么一个人曾经用生命去塑造和诠释过越调本身固有的魅力，而仅仅只是照今天这个样子，越调早没了。

之所以今天河南越调还在，是因为申凤梅的魂魄还在，还有支撑。到底还能把越

调支撑多少年？不知道。我只知道，它架不住一个人盖八个人拆，更何况盖的人已经没了，拆的人却在变本加厉！说这话可能重了，那么，请问谁还能在今天的演出中看到一丝当年越调的精气神儿？

河南越调到底怎么了？越调剧团的人到底怎么了？我们不得而知。但是从零星的一些演出中，管中窥豹，或许我们依然可以解读出来一些什么。

我刚刚又咬着牙看了一遍《尽瘁祁山》，之所以说"咬着牙"，是因为我试图好几次坚持看完，但是失败了，这一次也是，只能是坚持看了半个小时，又跳跃式浏览了大概剧情。整体而言，我对这部戏的观感便是：演员的舞台表现力太差劲，还不是普通的差劲，是一种失败到家的差劲。

申凤梅的诸葛亮能够让周恩来总理大加赞赏,而这个诸葛亮却让人唏嘘不已。这不难看出背后的团队状态病入膏肓到了什么程度。不管什么规格的国家院团还是什么规格的职称演员,我们看的是作品,超越不超越先放一边,对待艺术创作的态度是第一位。看过《尽瘁祁山》,我们不妨梳理一遍:

诸葛亮还没有死就不能用独唱唱杜甫的诗,何况这是后世对诸葛亮的悼念,客观的东西绝对不能当作主观的叙述来开展剧情。这是大错特错,并且一点越调的味道都没有,绝对的不搭。

上来直接打,或者黑灯用大鼓营造更直观感触的战争场面,然后起光武戏不好吗?人判了死刑就不再有活着的诉求,但是这出戏恰恰一上来就如此安排。开始是战争场面,五出祁山的壮志凌云,但是却用"丞相祠堂何处寻"这种唱词直接把诸葛亮判了死刑,之后的戏演起来还有味道吗?

舞台美术有问题,太浮夸。凡是战争场面就一个大辕辘在后头立着,而且接连几次出现,只要打仗就这么一个地方可以打,一点创新的想法都没有,一点舞台的美感都没有。包括后主刘禅的金殿,弄得跟印度寺庙似的,莫名其妙的浮夸和各种别扭。

真正去成都看看不成吗?去武侯祠等等地体验一下不成吗?找找可用的艺术素材,哪怕是在网上寻找资料有个创作方向也好啊。

我们的行头风格要统一,不然还是一出戏吗?诸葛亮的老年应该是一身肃穆,而不是金色盔头。金色是皇家的颜色,古代是明令禁止用金色和黄色的,诸葛亮这样的装扮太轻浮。

晋京版的《七擒孟获》用的是黑色,庄重而又肃穆,这是最正确的,50岁的诸葛亮,更多的是操心国家的前程和未来,哪儿

有这么精神饱满冠冕堂皇的?所以我说是没动脑子。

诸葛亮动作太轻浮,走路和动作状态都不稳,《尽瘁祁山》中的诸葛亮已经是暮年之态,但是舞台上的感觉不是演出来的而是装出来的,演出来的是真实和质感,装出来的是掩耳盗铃、自欺欺人。

诸葛亮的笑法更偏于花脸,这不符合人物,完全破坏了申凤梅几十年塑造的形稳戏精的诸葛亮风格。说好听是创作方法不对,说难听了就是什么玩意儿。

类似这样的问题真让整出戏丑态百出。比如说,我们讲舞台戏剧的情感要有延续,上方谷火熄之后司马懿逃走直接压光,为什么不把诸葛亮的痛恨和遗憾做个表达?想过没有?这么重要的剧情就这么一水过去了。

诸葛亮一代贤相,居然能唱出"烤一烤你的筋骨皮"这种词,这是对诸葛亮多大的侮辱?!

最后祭灯,连个灯都没有,诸葛亮的主要任务是禳星,不是对天求情,不要只坐在那里唱,动起来,动起来才有延寿的可能。

然后和夫人扭扭捏捏地唱啊唱,真是让人崩溃。诸葛亮临死前可能会想到家人,但是,像他那样的人,想得更多的肯定是国家,所以这一大段唱既拖戏剧节奏,又不能点明主旨。

挺好一部剧,就这样被一点点弄成了闹剧。导演虽还是那个让我们叫好的《七擒孟获》的导演高牧坤,但是此剧的质量明显已不尽如人意,所以我才会问人都怎么了。

尤其是演员,缺乏角色塑造能力,所以要好好学习,懂得不足,不然观众的流失是怨不得别人的。

做文艺创作一定要端正自己的态度和心念。习近平主席在文艺座谈会上也说了很

多,这些为人民服务为主旨的好观念一定要务实地学习,而不是开个会走个过场就完了。希望戏曲创作能够出更多的好作品,给戏曲和前辈争口气。

我们中国人都好面子,而别人给我们面子的前提是我们自己能让人家认可。

今年是申凤梅去世20周年,不知道有多少人记得。希望越调人能清楚地知道自己在什么位置,能虚心学习。凑合出来的不是艺术。艺术造诣的提升离不开学习和积累,多听多看多交流,希望越调人能够把越调做好,因为越调的魅力不比别的差。

当然,我想越调人看了我说的这些话,会很不自在,会反驳我说:"所有的戏曲都不景气,为什么单单说越调?"其实,我想说的是,因为如今的越调尚有一定的观众基础,申凤梅去世20年,依然还有一些观众非常怀念这位已离开了20年的老人。

苟利国家生死以,岂因祸福避趋之。其他的戏曲剧种发展也不景气这是事实,那么就应该和它们比吗?这样的话干脆就别做梨园子弟不就得了。既然做就要做好,谁都没理由让传家宝毁在自己手里,谁都没有任何理由推诿和逃避本职中的责任,何况广大的文化艺术工作者还肩负着文化复兴的担子!

我们要向好的看齐,向强的看齐,向有能耐有毅力有责任心的看齐。还是那句话,越调的魅力不比别的差,之所以出不来,不是戏曲本身的问题,而是方法的问题。然而,方法可是需要人"用心"想出来的。

申凤梅的越调是我最爱的,针对越调说这么多,何尝忍心?又何尝不痛心?无非是希望大家一起意识到一些问题,而这些问题不是针对越调,是针对整个戏曲界,更多的是对过于腐化懒散和应付以及不作为的不忍直视。如果戏曲工作者都认为"我只是一个普通人,环境如此我也没办法,我不行还有比我更不行的呢",那就真的没办法了,不是你不配做戏曲工作,就是我以上说的全都是废话。

多样剧种

我的越调缘

凤 翔 | 文

【作者简介】
凤翔,本名贾凤翔,河南襄城人。中学教师。中国散文家协会会员,河南曲艺家协会会员。出版作品有《毛爱莲》《文峰》《当代少林弟子》《小荷》等。

有人问佛祖何为缘,佛不语,用手指天边的云。这人看去,云起云落,随风东西,于是顿悟:缘是可遇不可求的风。也可以说,缘是一杯清水,表面上是不经意地端起,喝下去了,其实,生命中必须有这样的一杯水。我与越调,就是这样的一种缘。

1946年,我出生于襄城县城关镇。襄城县是越调的"革命圣地"。第一代"越调皇后"李桂红就是在这里唱响的。越调戏班在全县星罗棋布,其中最负盛名的是七班戏和石行戏。解放后,这两个戏班都成了国营剧团。一个县有两个国营越调剧团,这在全国都是独一无二的。老百姓可能不知道县长的名字,却没有人不知道李明玉、孙书德、"双辫"刘秀荣。爹妈都是戏迷,我在娘胎里和襁褓中就听越调戏,老越调拖腔时假嗓带吽的唱法至今留在我的记忆中。

我幼时曾登过两次台。第一次是3岁时。一个业余越调剧团在南大场(现在的文化广场)演《三砸铁锁链》(那时刚解放,这是一出阶级教育题材的戏)。剧中角色有一个小孩子。演出前,剧团会临时找一个观众的小孩儿上场。那次他们不知怎么就看中了我。无白无唱,在舞台上扭一圈儿,但总算登台演出了啊。第二次是读小学三年级时,学校排了个古装越调戏《甘罗》,我演甘罗。这可是有白有唱,算是真正演出了。

小学毕业后,我懵懵懂懂进了红专大学文艺系。我说"懵懵懂懂",是因为我没报考,这个地方点名要我去。报考的排成一字长蛇阵,被录取的寥若晨星,别人都说机会难得。我去了后逐渐明白了:所谓的文艺系实质上就是个越调剧团。早上练功喊嗓,白天排戏,晚上

戏曲中原：一曲水袖的行云流水

演戏。我见缝插针，穷搜这里的剧本阅读。我获得了一个素材，编成了戏，排练时发现这玩意儿不太适合戏曲形式，又改成山东快书，自己说，参加了地区会演，算是越调的副产品。在这里待了一年，我又跑回原来的学校随班读初二去了。因为在这里主要是排戏，读书时间少。我喜欢戏剧，更喜欢读书。

由于复杂原因，我没读高中，到广阔天地里滚一身泥巴炼一颗红心去了。

"文革"一开始，我有了出头露面的机会。我说的不是造反、斗争，什那个我不行；是上级号召，各单位都必须成立毛泽东思想文艺宣传队，否则就是三类单位，于是，宣传队若雨后春笋，我自然进了大队宣传队。过去，这里就有越调戏班，所以我们唱越调。奇特的是，我们这个宣传队居然有四个在专业文艺团体混过的人。一个县越调剧团的黑头演员（后来去了平顶山市越调剧团），一个县越调剧团的旦角演员，一个县豫剧团的武功教师（后来在许昌地区越调剧团待过），都是因为那个年代的特殊原因回了乡。我滥竽充数算一个。排《沙家浜》时，他们三个饰演郭建光、阿庆嫂、胡传魁，我演刁德一。群众说，这跟县剧团演的水平差不多。常有外地人请我们去演出。

不过，上级提倡的主要还是自编节目。这个就只能我来干了。那时的快餐式节目鬼知道编了多少个。不过有几个戏还记得。为了配合斗私批修，写了个戏。自己兼做音乐设计、导演、主要演员。后来又写过两个戏。可能是因为会编节目的人少，县文化馆把我写的东西印发了，全县宣传队都演我写的戏。

1968年，伟人视察襄县10周年，县革委会决定大庆，各公社组织代表队参加县会演。视察区代表队由县革委会文教组直接抓，特邀参加。县里选县剧团的导演、音乐设计协助他们排节目，编节目选了我。我写了几个节目，其中《皂角树下》是个戏，要几个人演，没有合适男演员，只好让我上。这个戏由河南人民广播电台录了音，以后放了多次。

1969年，我进了襄城县文教局创作组，任务是写伟人视察这个重大题材的戏。专业创作跟业余创作心态不一样。业余没压力，挺娱乐的；一搞专业，就担心水平不够高人家笑话，担心拿不出东西没法交差。就拼命读剧本。那时的口号是"十年磨一戏"，于是反复修改。不管是改得好了或是坏了,反正创作体会越来越多。写的戏要在越调剧团排,所以跟剧团打交道就多了,和导演于国栋、音乐设计朱武庭、主弦耿九和主要演员孙云等都混得很熟。杜朝阳、颜永江是我的学生,当然尊敬我。从他们那里,我学到了不少东西。一个写剧本的人,表演、导演、唱腔、舞美、灯光,跟戏有关的东西都得懂。大戏《烟乡儿女》最终还是演出了,参加了地区会演。

1975年,许昌地区举办戏曲创作培训班,每县来一个重点作者,炎心和我就是在这里结下的友谊。炎心写的《新兵》,我参与创作的《连心桥》都参加了省会演。我执笔创作的《会计新歌》准备由地区越调剧团立本,当时剧团在开封演出,我跑到开封,剧团领导召集主

要演员毛爱莲、张勤等听我读剧本,提了意见,我就住在开封改本。毛老师在排练中患病,但珍惜这难得的机会,坚持排练。因为"文革"中只让演样板戏,这次排样板戏之外的戏,机会太难得了。

在创作组工作时还有一件值得记的事:1975年底,通过朱武庭老师联系,申凤梅老师到襄县讲越调唱腔。我们这里是剧团上级领导单位,当然剧团要来报告。这可是难得的学习机会啊,我听说后忙赶去了。申老师边讲理论边示范演唱,确实使我受益匪浅。

我虽然是个"作家",却没有文凭。恢复高考后,我考上大学,而后分到许昌。这样一来,与毛爱莲老师及地区越调剧团接触就方便了。1991年,我为毛老师写了传记,发表在《名人传记》上。1999年,著名书画家陈天然为家乡捐款打井,毛老师去义演,我为毛老师写了唱词。而后,又与炎心合作,出版了《越调皇后毛爱莲》《毛爱莲》二书。现在《越调与毛爱莲》《许昌越调》两本书已编好,等待出版。

有一件值得骄傲的事,就是申报许昌越调和毛爱莲老师国家级非遗项目和传承人成功。夸大了说,这事是炎心和我搞的;缩小了说,文字材料是炎心和我写的;不夸大也不缩小地说,许昌市越调剧团、许昌市文化局、河南省文化厅等方方面面都做了努力,而我们除了搞文字材料还做了其他工作,例如申报工作就是炎心首先提出来的。现在,有人要申报省级非遗,就来找炎心和我,我们成了"申遗专家"。

为什么炎心和我会通过写书、申遗与越调结缘呢?因为,在会写文章的人当中,我们是最热爱越调的;在热爱越调的人当中,我们比较会写文章。所以,我们与越调的这种缘分是必然的。

刘德言老师编导的戏,《无佞府》《卖箩筐》《夫妻俩》《白奶奶醉酒》拍了电影,《斗书场》进了京。和刘老师等老师相比,我倍感愧怍。不过,能与越调结缘,这本身就是幸福。

多样剧种

"道"尽心中那片"情"

东 海 | 文

【作者简介】
东海，原名郭东海，河南商水人。现任中原高速平顶山分公司党委办公室主任。长期从事宣传工作，偶有文字见于报刊。

大年初一10点多，如鼎沸般的鞭炮声终于慢慢稀疏下来。这时突然听到东院里一阵叫好声，我第一反应是童学叔在演唱渔鼓道情了，赶紧也过去看热闹。

"残唐五代刀兵起，五湖四海动枪戟。大宋朝出了个保国将啊，姓郑名二住山西……"在院子中央，童学叔一顶礼帽、一件大褂，脚蹬圆口布鞋，神采飞扬，左手敲击简板，右手拍击渔鼓，不时还伴个舞蹈的动作，曲调激昂有力，时而低回婉转、俏皮生动，时而又跌宕起伏、抑扬顿挫，令人回味无穷。上年龄的邻居街坊应该多年没见这样的演唱了，坐在小凳子上听得津津有味；看多了电视、电脑的年轻人也是新奇得很，站人圈里凑热闹；更有那不甘寂寞的小孩子，爬到了楼顶上。

道情是一种传统的曲艺，源于唐代道教在道观内所唱的经韵。"道情"一词始见于南宋，到元代其形式趋于稳定。道情所唱内容最初为道士（或者道姑）化斋时唱的"修行的话"或者"感慨的词"。后来，民间艺人学得道情，并将其演变为用于谋生的曲艺，流传于豫、山、陕、鄂、皖、鲁等省份。但是，据文化部门统计，目前能精熟表演的艺人不过数十人，而且大多年老体衰，人亡艺绝的现状十分严峻。周口道情一般是一人表演（也有一些省份发展成了舞台戏剧，周口太康渔鼓道情就吸收了河南坠子发展成了河南道情戏），坐唱和站唱结合。表演者左手执简板，左胳膊夹着渔鼓（也称"道情筒子"，河南的老百姓叫"梆梆筒子"），右手四指随音韵击打。表演时采用说唱相间的曲艺形式，说的部分有散白、韵白之分。散白表述故事情节、摹拟人物的声态语气（表演者配以技巧使对白惟妙惟肖、逗人大笑）；韵白重叙述，讲究

戏曲中原：一曲水袖的行云流水

字正腔圆、抑扬顿挫，伴以简板击节。唱腔曲调脱胎于道家仙乐，结合豫东大地的民俗和方言韵调，多用真嗓，字正腔圆、高亢嘹亮、节奏明快、清悠舒畅，极具浓郁乡土气息。

曲罢人散，童学叔还没从表演的兴奋中走出来。他倒上茶，讲起了他的道情缘。

他喝口水说："听老师讲我们这道情艺术是道教丘处机所创。丘祖开山派，自立大龙门，下凡来传道，收徒有七人，徒弟名和姓，孙高刘蔡马黄尹。至今传有一百单八代，道辈不乱。现存的艺术字辈名谱显示为：道德通玄静，真常守太清；一阳来护本，合教永圆明；智理忠诚信，崇高始发星；世景荣为貌，希夷显自宁；微修正仁义，超生永会灯；大妙宗皇贵，圣体全用功；虚空乾坤修，金木性相逢；山海龙虎交，莲开现宝身；形满丹书诏，月盈祥光升；万古续仙号，三界都是亲。"历史上的全真派主教丘处机生在金代和元代的交替时期，被元世祖追封为"长春演道主教真人"，距今近八百年的历史，从字辈上推断，逻辑上是符合的。

唱道情的道具很简单。道经筒是一根三尺三寸长的竹筒，一端蒙上猪的护心皮，筒板由花梨木做就。关于道经筒的来源还有个动听的传说。据传道家有五根竹筒，女娲补天用一根，道家的祖师爷李耳那里存一根，撑船摆渡的船尾杆用一根，倒骑毛驴的张果老做道情筒用一根，还有一根下落不明。张果老的道经筒原长三尺七寸，经常背在背上用于布道。传说他在民间传道，遇见了一个盲人向他讨饭，他就把道经筒截三寸给乞丐制成竹板，并教会他劝世文，这就有了后来的"莲花落"（盲人乞丐行乞时唱的一种民间曲艺）；后来到染坊传道，截一寸给染坊做了染布牌子。今天道情筒子都是长三尺三寸，因竹筒用蓝布缠绕，所以又称为"蓝条"。

以前只是听热闹，没想到道情背后还有这么多故事。"是啊，道情本是度人向善的劝世演艺。但是，旧社会却被视为不入流的技艺，直到解放后才得到政府的鼓励支持。"童学叔感慨地说。

原来，童学叔的老师是周口市著名老艺人周明扬（又名周成仁）。老人目不识丁，却是艺术界的奇才。他白天听人读《韩湘子度林英》手抄本，晚上就能演出，而且只字不落，唱响沙河两岸。1956年在河南省首届戏曲观摩演出大会中获省级演员奖，1958年在许昌专区文艺汇演中再次获奖，荣誉证书现在尚存。在20世纪60年代初，他的表演受到中南局领导陶铸同志的赞扬。

童学叔12岁拜师学艺，是周明扬老人的关门弟子。渔鼓道情这项艺术，唱本很少，典籍也少，都是师传口授。作为衣钵传人，他把师傅成名的段子《圣人传》《庄周梦》《郭巨埋儿》《张廷秀》《司马懿扒墓》《鲁智深拳打镇关西》《韩湘子讨风》等精记于心。

从事渔鼓道情表演四十余年，童学叔的足迹遍布河南、河北、山东、天津及安徽北部。20世纪70年代，有一次走到了山东省聊城地界，在一个村里唱《圣人传》。因为表演得好，村支部书记把他安排到自己家吃住，每天晚上在大队的牲口铺里，男女老幼近百口子人听道情，连唱七天不让走。后来邻村的村支部书记来把他"抢走"。就这样在那附近一连唱了两个多月，直到腊月二十一了，才放人回家过年。

听到这"一艺在身，走遍天涯"的故事，我很是羡慕。童学叔却放下杯子，一脸落寞地说出了自己的担忧。

由于现在媒体传播的快速革新，更多的娱乐项目出现，再加上传统艺术的剧情、节奏和表演形式等不能与时俱进，渔鼓道情已经走进了极其艰难的窘境。当年自己师兄弟8人，如今只剩下自己和师兄两人。现在市场

戏曲中原：一曲水袖的行云流水

上没有演出的平台，演出收入还不如建筑队小工工资高，没人愿意再学习道情，就连天天受熏陶的儿子也不愿学习，远去内蒙古打工去了。

如今，商水县道情艺术已被河南省、国家先后列为非物质文化遗产，但是保护和传承却是困难重重。

"惭愧啊！老师的家伙什儿都交给了我，我没有传下去，还要继续干下去啊。今年和一个唱大鼓书的朋友去湖北荆州一段时间，在公园里演出两个多月。年龄大了，不想再走远了。"童学叔说这些时眼睛有点湿润了，"现在有两个希望：一是能遇到愿意学习的年轻人；二是能到宝丰县马街书会演出一次。"

我理解童学叔的"不想再走远了，但还要走出去"。他现在家里守着自己的小孙子，平时做司仪，方圆几十里地都知道他这个有名的"先生"，红白喜事都来请他主持，每次可以挣个一两百元，远比外出表演少去了很多辛苦，毕竟是60多岁的人了。但是，他每年还要坚持外出演出两个月，是怕放下的时间久了，表演上生疏了，更怕自己坚守道情艺术表演的意志淡漠了。

坚守是一种自我的美丽，也是一种付出的光辉点。在社会飞速发展、物欲横流的今天，作为豫东大地的一个普通农民，童学叔说不出"戏大于天，坚守困苦，创造欢乐精彩世界"的豪言壮语，也做不到信步闲庭看花开花落、云卷云舒。他怀抱着这项老祖宗留下的历史悠久的民间艺术，既举不起来去发扬光大，又放不下抛不掉，只能以一颗朴实的心聆听自己的心灵之声，做到自己在道情就能一直唱响。当然，他偶尔也会品读一下千年道情吟唱的祥和与欢乐。

多样剧种

油梆戏

韩晓民 | 文

有首童谣是这样唱的:"拉大锯,扯大锯,姥姥家唱大戏;接闺女,迎女婿,小外孙子也要去。"看戏跟过年似的。

农民在农闲的时候,要找乐子,就唱戏。唱什么?会什么唱什么,但多半跳不出锣戏、卷戏、鼓鼓梆等地方戏的圈子。村戏的舞台简陋、扮相粗劣、伴奏简单,清唱也无所谓,典型的自娱自乐。

据记载,清末民初,许昌大部分村镇都有村戏,被称为"戏剧之乡"。后来,一些科班出身的演员组织起专业戏班,与村戏相比,专业戏班技高一筹,经常被请到农村演出。戏班的领班称"掌班",由德高望重的艺人担任;股东称"管主",多是当地的士商富户;演员称"戏子"。应邀演出称"接台口"或"打出去",戏班的收入按"份账制"分配,名演员还可以拿到额外奖金,称"加子"。有些戏班是为了应付演出而临时组建的,演出后自行解散,称"草头班"。

因为过去文娱活动种类较少,戏曲几乎一统天下,庆生、祝寿、还愿、婚丧、丰收,尤其是村里的古会日、寺庙的庙会日,都要请戏班唱大戏。戏曲在民间深入人心,绝大部分村庄都曾专门留有搭戏台的空地,集镇和县城里还建有多处戏楼,戏班子如果没有接到邀请,就天天在戏楼上演练。

清光绪年间,豫北滑县的几位大平调艺人流落到许昌,起初在街头卖艺,后与南阳调梆子艺人合并组班,开了许昌豫剧的先河。因其击节用的檀木梆子和卖油郎用的梆子极其相似,而得名"油梆戏"。

油梆戏一问世,很快得到认可,民间盛赞:"骚锣戏,浪卷戏,要听还是油梆戏。"到了民国初期,著名的油梆戏班有复兴班、公庆班和

【作者简介】

韩晓民,河南许昌人。民俗作家。

戏曲中原：一曲水袖的行云流水

龙虎班。复兴班俗称"大油梆"，公庆班俗称"二油梆"，龙虎班俗称"一道辙"，名字虽俗，却叫得都很响，而且涌现出了一大批名角儿。

油梆戏以唱见长，吐字清晰、节奏鲜明，唱词用方言，很容易被观众接受和模仿，听得多了，男男女女、老老少少都能哼上几句，许多脍炙人口的经典唱段在许昌民间广为流传。

油梆戏的魅力还在于剧情，逮不住奸臣不杀戏、有情人终成眷属、除暴安良、因果报应等戏剧主题，老百姓非常愿意接受。目不识丁的杀猪汉都能当状元、娶公主，这样的美事儿，尽管很不靠谱儿，但老百姓更愿意接受。

曲剧唱调柔和、婉转、轻快，越调淳厚质朴、吐字清晰，在民间均占有一席之地；京剧、汉调二黄、话剧、歌剧虽然也很好，却因"水土不服"而没有扎根儿许昌民间；倒是油梆戏，来时惨淡，发展汹涌，影响至今。

常言说："会看戏的看门道，不会看戏的看热闹。"舞台的场景布置，演员的唱念做打、服装道具，后台的吹拉弹奏，都很讲究，都有门道。

比如豫剧戏班的组织讲究"四生四旦四花脸，四兵四将四丫环，八个场面两箱官，外加四个杂役"。懂戏的人一场戏看下来，就能大致摸清戏班的底子。"老旦清，正旦俊，花旦风流"，指的是旦角服饰，一看演员穿什么戏服，就能说出其扮演的是什么角色。"先看一步走，再听一张口"，演员在舞台上一亮相、一开口，就能判断出他的功力和水平。"念山如山在，说水似水流"，懂戏的人不但能够理解戏文，还能根据剧情的需要发挥想象力，和舞台演出相配合，这样才能真正"入戏"。

这些只有深谙戏剧的"老戏迷"才清楚，他们看戏是欣赏艺术，看的是戏的精髓，而一般百姓大多是看热闹或凑热闹，比如哪个演员的妆化得好看,哪个演员能一口气翻十几个跟头,哪个演员说哭眼泪立刻就下来了,哪个演员男扮女演得比女人还女人等。

最热闹、最有趣的是对台戏。

旧时,规模大的庙会,人山人海,一台戏不够看,就请两个、三个甚至四个戏班子唱对台戏,戏台相距不远,哪个台下的观众多,哪个班子赢。声誉所系,戏班子不得不动真格儿。

首先要"大亮箱",戏服、道具都在戏箱里装着,如果唱对台戏,就要提前把戏箱油漆一遍,里面放的桌裙椅罩、披垫蟒靠、大小衣包也都焕然一新,唱戏前往戏台上一挂,来个先声夺人:瞅瞅俺的装备多好!怕了吧?服了吧?

然后是在乐器上下功夫,文场戏增添月琴、二胡、三弦、琵琶,武场戏增添大锣、大钹、悬吊大鼓,根据剧情需要,擂动大鼓、拼起铙钹,弄出的动静越大,越能吸引人。

第三招叫"两本搅一本",也就是说一个角色双人同时演,比如《刀劈杨藩》,两个樊梨花、两个薛丁山、两个杨藩同时出场,两组人马各占舞台一角,双唱双劈,让观众眼花缭乱,叫好连连。

如果还比不过人家,那就出绝招儿,唱念做打,哪个是强项,专演哪一项。还比不过人家,就有人开始出邪招儿了,比如光膀子上阵、连哭带闹,有的甚至唱淫词邪调迎合观众。一旦失去演出的原则和底线,艺术的生命力就弱了。

新中国成立后,戏班子变成了剧团,戏剧在民间的影响更大;后来,光唱样板戏,样板戏毕竟也是戏;再后来,流行歌曲和电视剧来了,戏曲式微了。

戏曲式微,可以理解,比如豫剧《抬花轿》中的经典唱段《大闺女坐轿头一回》的开头是这样唱的:"府门外三呀三声炮,啊花,啊花,花轿起动啊呀咳哪哈呀哈咳,啊咿呀那呀咳,啊哪哈呀哈咳,哪哈咳咳、哪哈咳咳,哪哈呀哈咳,嗯呀咳咳,哪呀咳咳,哪啊呀哈咳,哪嗨呀嗨咿咿咿……"说白了,就"府门外三声炮花轿起动"一句台词,但唱起来能咿呀嗨几分钟,追求快节奏的年轻人哪有性子忍受?不过,一家人看电视剧时,屏幕上一出现拥抱、接吻的镜头,老爷子、老太太要么闭眼,要么说些别的,如果看到床戏,那就得赶紧离开,免得尴尬。于是又想起戏曲,洞房花烛夜,演员做个吹蜡烛的动作,幕布一拉,什么意思都有了。戏曲节奏是有些慢,但也有其独特的魅力。

不爱看戏的人说:唱戏的是疯子,看戏的是傻子。在舞台上又哭又笑,又打又闹,疯了;看戏的,严寒酷暑,白天黑夜,跟着戏台跑,十几里,几十里,傻了。爱戏的人却说:戏如人生,人生如戏。

戏曲中原：一曲水袖的行云流水

怀念南阳鼓儿哼

翟传海 | 文

【作者简介】
　　翟传海，河南南召人。中国散文家协会会员，河南省作协会员。已出版有文学作品《银苑小葩》《守望家园》和《月奶奶黄巴巴》等。

　　"小鼓一敲响叮咚，您稳坐书场听我哼。开言不把别的唱，先哼个小段您听听……"夜幕降临时，村里打谷场上或大槐树下，月亮地儿里或煤油灯前，一演唱者叮叮咚咚一阵敲打，一场别样的演唱伴随着人们欢快的笑声拉开了序幕："说天亲，天也不算亲，日月穿梭催人老，带走世上多少人。说地亲，地也不算亲，争名夺利多少载，看罢新坟看旧坟……"

　　一段唱罢，又是几句妙趣横生的开场白，比如："老天爷下雨雷对雷，小两口打架捶对捶。瞎老头儿娶了个瞎老婆，一辈子谁也没见过谁。""牛皮鼓不敲它皮子厚，月牙儿钢板不打它光生锈。说书人不动嘴他口发臭，唱嘞不好算是娃儿他舅。""天也不早了，人也不少了，鸡也不叫了，狗也不咬了，少扯几句咱就开嗓了！"

　　一阵叮叮咚咚过后，再不紧不慢地唱起来："小鼓一打响叮咚，各位稳坐书场听我慢慢哼……要听文的《西厢记》，想听武的《杨家兵》；要听奸的是《斩国太》，想听忠的有《三刘镛》。我昨晚唱的本是《×××》，还有半本没完工，哪里断了我哪里找，哪里烂了我哪里缝。我昨晚唱到×××××，今儿晚上我接着往下哼……"

　　这就是我儿时时常听到的南阳鼓儿哼，也叫"南阳大鼓戏"。因其起腔及落腔都是用鼻音哼出来的，所以大家都叫它"鼓儿哼"。

　　鼓儿哼的伴奏乐器只有犁铧片和小鼓。犁铧托在演唱者左手，用食指相隔摇动手臂上下甩动，使犁铧片的两端相互撞击发出"叮叮"声响，稠如雨点，清脆悦耳。在演唱前节奏放慢，演唱时，犁铧片只轻轻撞击，随着唱腔而伴奏，唱够一个段落时，犁铧片又响亮地敲打起

多样剧种

来；小鼓架在演唱者的面前，演唱者右手握一个小鼓槌儿，在演唱前打"闹场"时，右手敲鼓，左手碰击犁铧片，真是金鼓齐鸣，气氛热烈。

在演唱时，鼓声咚咚，铧片叮叮，节奏时紧时缓。演唱者模仿各种人物语气、声调和自然声响，唱一阵说一阵，说像唱，唱像说，用幽默诙谐的语言和声调将一个个故事讲得绘声绘色。精彩之处妙语连珠，既押韵又生动，让人拍案叫绝、击掌叫好。而且，不少高超的演唱者对演唱的内容也把握得很好。每当正义的一方获胜、故事进入高潮时，他便慷慨激昂、手舞足蹈，鼓声急骤如珠落玉盘；遇有坏人得势、好人遭难时，他则悲痛唏嘘、哽咽连连，鼓声亦由强而弱，由弱而息。听者随着故事的跌宕起伏、说书人的喜怒哀乐而一同进入角色，或肝肠寸断、热泪盈眶，或喜笑颜开、眉飞色舞。

演唱曲目大多是传统曲目，长篇大书可演唱几场到几十场，如《包公案》《施公案》《杨家将》《呼家将》《大八义》《小八义》等，也有现代曲目《林海雪原》《铁道游击队》等；短篇，大多是长篇大书中的选节，或取材于民间故事和社会生活等，如《拉荆笆》《十字坡》《桃园结义》《罗成算卦》等。书帽多为趣味性很强的小段，也有历史名词、古代谚语以及文字游戏之类，如《十八扯》《大实话》《鸭子跳坑》《颠倒歌》等。

然而，说书人往往是唱到关键时刻会给观众卖一个关子："要知是死还是生，英雄如何逃性命，擂台能否被打得下，唱到此处为一段，明天晚上咱再接着哼……"要是人们不愿离去，他便一直哼："要不是您妮喊着肚子疼，我一下哼到大天明……"

收场了人散了，唯有艺人那富有磁性的声音和颇有韵律的铁板儿声，依旧在全村老少爷们儿的耳际脑海间回荡，直至伴人进入梦乡。

一面小鼓，一副犁铧，一人一台戏。生旦净末丑，唱谁装谁，把前三皇后五帝的成败兴衰，陈述得清清楚楚明明白白。以往在没有电更没有电影、电视，看大戏又花不起大钱的乡村，农闲时节，隔三岔五以每家收取一二斤小麦作为报酬，请一位残疾艺人唱几晚鼓儿哼，总能给偏僻乡村寂静的夜晚增添许多欢闹和欢乐！

鼓儿哼，我真的很怀念你！

戏曲中原：一曲水袖的行云流水

千年大弦奏古音

苏宪权 | 文

【作者简介】

苏宪权，笔名"雪野热风"，河南省作协会员，中国散文家协会会员，中国乡土文学委员会理事，滑县作协副主席。在《人民日报》《河南日报》等多家报刊发表作品数百篇。出版有《半树槐香的抚摸》等书。

"李逵笑，敬德傲，张飞出场三不照。"这是什么戏呀？这就是国家级非物质文化遗产——滑县大弦戏。滑县大弦戏剧团的一位负责人说："大弦戏是一个细腻到极致，也粗犷到极致的剧种。那腔调韵律一波三折、荡气回肠，细起来就像箩面雨，粗起来就像狂风暴雨、山崩地裂。"

"三弦不动笙不鼓，呼呼笙响锡笛吐。"三弦领先，继之笙、笛。"拨棱""呼隆""得拉"三声（指三弦、笙、锡笛三种乐器的模仿音），艺人称为"三滴水"。每曲必须以三弦领头，先声夺人，故称"弦戏"。因它源于"御戏"，以唐宋大曲为主流唱腔曲牌，为显示其皇家御戏的规格与尊贵，前面尊加"大"字，就传下来为"大弦戏"了。

大弦戏有着一千三百多年的历史，是流行于豫北、鲁西、冀南一带的一个古老而珍稀的曲牌剧种，比号称"戏曲始祖"的昆曲还要早四五百年。它有着行云流水般的曲调，特别是那独有的伴奏乐器锡笛，其乐调委婉动人，伴奏和唱腔在不同的音阶上滑行，组成动人的和声。早已失传的唐宋大曲、宫廷音乐、原始剧目等，在大弦戏中还原汁原味地保留着，堪称中国戏曲的"活化石"，是我国珍贵的民族文化遗产，滑县大弦戏也被列入《第一批国家级非物质文化遗产名录》。

据《河南戏曲表演丛书》《滑县戏曲志》及民间小说《三唐传》等载述，滑县大弦戏源于唐高宗年间的宫廷，据说唐高宗的一个皇子，生来终日啼哭不止。高宗让宫中戏班演唱小曲，发音独特，皇子突然破涕为笑。高宗大喜，遂给此曲赐名"耍孩子"。在程咬金寿辰时，唐高宗将其赐予程府。程铁牛任山东节度使时带回山东，后流落民间在黄河中下游逐渐演变发展。

大弦戏最初主要演唱汉唐乐府曲，唐宋大曲，宋元杂剧、北曲等。演奏乐器以竹笛、笙、三弦为主，表演形式简单。宋朝时，在表演风格上融入了开国皇帝赵匡胤创建的大洪拳架势，使大弦戏的表演显得更加古朴浑厚、场面激烈。到了元初，乐队引进了大铙、大镲、尖子号、螺号，同时由竹笛改换锡笛为主奏乐器，从而形成了粗犷激烈的舞台气氛。音乐也吸收了部分俗曲小令和锣戏、卷戏等其他剧种的某些成分。元末明初时，大弦戏已发展成一个规模剧种。

明弘治十一年（公元1498年），在《滑台重修明福寺碑》的副碑上有"以上布施，除修葺佛塔外，敬献大梆戏、大弦戏各一台"的记载。明万历年间有规模较大的班社公兴班坐班滑县。清朝时大弦戏发展到了鼎盛时期，仅汴梁一带就有18家班社，分"礼""敬""旺"三门。后来"礼"门去了山东，"敬"门融入滑县，"旺"门去向不明。"敬"门融入滑县与公兴班合并，易名"大兴班"。1948年被冀鲁豫边区政府命名为"民众剧社"，1952年改名为"滑县大弦戏剧团"。

大弦戏曲牌繁多，文曲柔婉细腻、缠绵悱恻，武曲则高亢激昂、清丽激越。唱腔多于尾音处提高八度，道白多用韵白，且以三弦伴奏。在表现武戏场面时用大铙、大钹和大号，以烘托紧张、激越的气氛。其音乐既有汉唐乐府曲，唐宋大曲，宋元杂剧、北曲，又有"青阳腔""石棉腔""弦素高腔"，还有民间小调等。大弦戏妆容细腻，人物性格分明，如秦琼红脸五道眉、敬德黑脸三块瓦、杨七郎花脸细而俊、张飞黑花倒丝钩等，有别于其他剧种。其表演独树一帜，既有唐宫廷的痕迹，又有北方戏剧刚劲挺拔、豪迈威猛之风，还有古杂技功底和宋太祖的大洪拳架势，形成了独有的手势、台风、架势、亮相，素有"李逵笑，敬德傲，张飞出场三不照"之说。

大弦戏历史悠久，传统剧目众多，达200余部。主要有"五平""五关""五打擂""十二山"等。"五平"即《平王庆》《平西辽》《平东方明》《平安王》《平方腊》，"五关"即《雁门关》《反五关》《虎牢关》《过五关》《守五关》，"五打擂"即《燕青打擂》《秦琼打擂》《呼延庆打擂》《杨七郎打擂》《鲍金花打擂》，"十二山"即《两架山》《牛头山》《赵公明下山》《殷洪下山》《广武山》《李密下山》《三霄下山》《火灵圣母下山》《张奎下山》《临潼山》《孙膑下山》《黑虎山》，常被群众用来祭祀、庆典、敬神等。特别是农村古庙会或亲人祭祀，常请大弦戏前去演出，那独特的表演技艺和刚烈泼辣、缠绵委婉的唱腔深受广大观众的喜爱，民间有"大弦戏唱过三天，小笛子还往耳朵里钻"的说法。而今，传承了千年的唐宋音韵，在中原大地依然嘹亮。

戏曲中原：一曲水袖的行云流水

父亲的怀梆时间

雒应良 | 文

我的家乡在豫西北，明置怀庆府。巍巍太行与滔滔黄河呈三角形相交，俗称"牛角川"。北方的寒流越不过太行，而南方的暖流过黄河后又被挡在了太行南麓，大自然的造化，赋予了这块土地特有的钟灵毓秀和自然环境。因而也就有了菊花、牛膝、地黄、山药"四大怀药"，也就有了李商隐、韩愈、"竹林七贤"等各路才俊大家。

也就有了我的父亲，一个名不见经传的怀梆戏表演者，一个土里土气的乡土戏剧爱好者。

说父亲名不见经传，是因为他唱的怀梆戏古老稀有，因起于古怀庆府一带，偏居一隅，无法与大剧种等"国粹"相提并论，自然也就出不了名；还因为这个地方唱怀梆戏曾经时尚，演者众多，很难说父亲最有名。除逢年过节集中演出之外，老百姓在茶余饭后哼唱一段或几句，是家常便饭。在劳动间隙，人们还把怀梆戏中的唱腔变作号子喊叫，振气提劲儿，也就成了鲁迅先生提到的"哼唷哼唷派"。

但在我孩提时代的记忆里，父亲在近村十里八乡着实小有名气。当年，父亲为生计所迫，挺起腰板荷担远行，闯关中，到三原，走泾阳，又返回故乡，一路陪伴他的是怀梆戏，这也是父亲困苦贫穷生活的一道调味品。我常常注意到我的父亲，生活的太多磨难和成年累月的操劳，使他粗糙得像老榆树皮一样的手背上，长年龟裂着一道道浸血的口子，从前满头乌黑发亮的头发也早已两鬓飞霜。岁月不饶人，尽管如此，只要登上舞台，他的双眼就会释放出无尽的光彩，飞扬的神情总能迅速地把乡亲们带入戏文里。村里小小的戏曲舞台，承载了父亲的光荣与梦想，寄托了乡亲们对怀梆戏的喜爱与渴望。

【作者简介】

雒应良，河南武陟人。新华社河南分社党组成员、纪检组组长。

如今,父亲已离我远去,带着他钟爱一生的怀梆戏。由于父亲的悄然而逝,乡村一向热闹非凡的怀梆戏,蓦地变得哑然失声。

在我模糊的记忆中,童年最快乐的莫过于三件事:穿新衣、吃饺子、看戏。看戏,就是看以父亲为主角的戏团子唱怀梆戏。适逢大年三十,母亲早早为我们包好饺子,头一碗肯定是父亲先吃,他草草吃完就奔向戏台排练。而我们姊妹几个则紧跟着搬起板凳迅速跑到戏台下占据有利地形。戏台上明亮的大汽灯高高悬起,戏台子顿时成了全村最光彩夺目的地方,也是村里最热闹、最让人心醉的地方。记得有一次村里戏团子唱《将相和》,一阵锣鼓声后,一个演蔺相如的老生出场了,只见他身穿戏袍,长髯飘飘,顾盼神飞,唱腔时而慷慨激昂,时而粗犷奔放,道白铿锵有力,声音清亮圆润。台下人们迷醉了,有的看到蔺相如不惜以死相拼,逼秦王为赵王击缶时,手指不禁敲打板凳,连连夸赞;有的看到恃功自傲、处处嫉妒、挤兑蔺相如的大将军廉颇时,联想到自己的邻里纠纷和朋友的纠葛,或愧怍不已,或气愤难平……忽然,锣鼓齐鸣,管弦高奏,原来,廉颇终于"负荆请罪",将相重归于好,刚才的一片唏嘘声,变成了经久不息的笑声、掌声。

那个蔺相如的扮演者便是我的父亲。台下雷鸣般的掌声此起彼伏,母亲开心地笑了,我们姊妹几个也笑了,稚气的小脸上溢满得意和自豪。

我现在才明白,那时唱传统戏得心应手的父亲,到后期也要面临"转型"。在我记事的时候,"文革"已进入高潮。收音机里、村东头的大喇叭里,终日不停地播放着

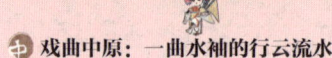

戏曲中原：一曲水袖的行云流水

革命现代样板戏段子，整个戏剧界都被"红流"裹挟着。父亲演的传统剧目因被视作为"帝王将相""才子佳人"立传而受到批判，不得不放弃，转为演当时正流行的样板戏。有一天，公社驻村干部突然上门给父亲做工作，让父亲带领戏团子改唱样板戏，父亲面露难色。如今，我很理解当时父亲内心充满的几多犹豫与茫然。因为怀梆戏唱腔、道白、伴奏、身段和特技表演等均按古怀庆府的方言口语发音吐字，与样板戏京腔京韵的唱腔、道白大相径庭，反差甚大。但面对公社干部们的反复劝说，也迫于当时的政治环境，父亲最终还是勉强带领师徒们上场了。效果不言而喻，用怀梆戏的风格唱样板戏不"样板"，老怀梆戏又半土不洋，常常使观众啼笑皆非。

记得一次过年，戏团演革命样板戏《沙家浜》里匪徒刁小三抢农家妇女的一段对话，由于说不成普通话，两个演员干脆用当地土话道白，与样板戏字正腔圆的道白一比较，让人忍俊不禁，台下哄堂大笑。传统古装戏服轻松宽大，台风张弛有度，而样板戏大都是现代戏，节奏快而动作大。还记得，我的一个本家堂兄演《智取威虎山》中的武生杨子荣打虎上山时，穿着又厚又大的棉裤，当演到催马扬鞭的一个大动作时，棉裤突然掉了下来，台下一片喝倒彩声。这场戏算是演砸了。借用现代用语，那应该叫"走光"。

乡土生活，是地方戏剧艺术的根，因为它一直根植于农村这片特定的土壤中，具有很强的乡土气息和群众性欣赏传统。艺术仿佛离我们很远，但又分明在我们身边。父亲也许没有研究过这些文艺理论，但他知道每次唱老怀梆时，台下总会响起乡亲们淳朴的笑声和热烈的掌声。这是父亲人生中最感到欣慰和得意的时刻。他从那些乡俚土语的道白中找到了农村艺术的感觉和自身价值的所

在。

由于怀梆戏唱腔多用大本腔（真嗓）而基本不用花腔，随着年龄的增长，父亲慢慢也唱不动了，但他依然担任戏团司鼓兼乐队指挥和编导。他的认真和严厉往往使大家不敢有半点马虎和怠慢。父亲排练或演出时，我经常跟着他在台上玩耍，时不时地也干些跑龙套的活计，更多的是把玩一些道具和乐器。一向以严峻著称的父亲非但没有训斥我，还往往向我投来亲切慈祥的目光。那种别样的眼神，仿佛让我感觉到他似乎已寄托了某种希冀。20世纪70年代末，我参加高考后到外地就学、工作，看戏的感觉越来越模糊。父亲去世后，他的略显驼背的高大身影离我渐行渐远，但一想起他在舞台上的飞扬神情，父亲的形象又分明是那样的真切可

辨。参加工作后，每次回到家乡，我往往就会一个人呆呆地站在风里，双手捧起故乡的阳光，尽情吮吸着乡村泥土的气息。曾经的过往，仿佛连着周围的一切一如昔日的炊烟飘远。物非物，情犹在。父亲曾经的戏台早已不在，可父亲怀梆戏亲切的唱腔却依然在耳边萦绕，也是空旷的乡村里最美最嘹亮的回响。角儿们的戏演完了，离开了，故乡那些曾经因戏而快乐的乡亲们，现在该何以为乐？

庄子曰："不知说生，不知恶死；其出不欣，其入不距。"父亲来到这个世上，命中注定他要竭力把快乐留给乡亲们。为此，他可以不要工分，不要报酬，甚至可以不知道珍惜生命，也不知道害怕死亡。他从容地来到这个世界，离开这个世界也很淡定。这块沉淀着丰厚历史文化的土壤不仅养育了他，而且赋予了他丰厚的乡土艺术细胞，使他经年不衰地为乡亲们唱，为乡亲们乐。这块古老的土地又无情地埋葬了他，使他又到另一个世界和他的师徒们继续唱。他和他的戏友们在九泉之下牢牢地为乡亲们守着林，守着地，守望着余音袅袅的怀梆戏。

戏曲中原：一曲水袖的行云流水

最后一个淮调演员

林鹏举 | 文

【作者简介】
　　林鹏举，河南汤阴人。供职于汤阴县粮食局。

　　红香进戏校的时候，虽然只有13岁，但对于学戏来说，已算是大龄学子了。

　　红香上面有一个哥哥一个姐姐，姐已远嫁，哥也到了谈论婚事的年龄，只因腿脚有些不大灵便，媳妇难求。红香的父母在红香出生之前，就常年在外打工，今年新疆，明年江浙，后年指不定就去了东北，如候鸟一般，只为多赚些家业，也好风风光光地给自家儿子求得一门亲。

　　红香从出生便跟着爷爷奶奶。爷爷是汤阴县里小有名气的淮调演员，虽上了年纪登不上台了，但在家里，却是日日都能够见到他练些功唱些段子。农闲的时候，老人们便聚在谁家的院子里，或是村头那个废弃了多年的打谷场上，听红香的爷爷唱上小半天。大多数时候，无论爷爷唱得多么慷慨激昂，膝头上都坐着小小的红香。等红香再大些时，喜欢听淮调的老人们走了不少，一年到头，难得有一两回聚唱的机会；只是，但凡有聚唱，红香定然是要到场的，就算得逃课，也不怕。泡在清一色老爷爷老奶奶的人堆儿里，她甚至拿了大钹在旁边随着鼓点有模有样地伴奏。

　　爷爷没有刻意地教过红香什么，但红香觉得，自己对淮调的那份喜欢，深到了骨子里。就像对童年所有美好的记忆一样，深深眷恋着，越长大越眷恋无比。偶尔，红香学着爷爷的样子，大模大样地唱上一两段。爷爷笑眯眯地听，只是，最后依旧会一脸严肃地说，如今这年头，正儿八经地进了学堂，好好学文化，将来考个大学，才是正经；唱戏，不适合你这女娃娃，爷爷也不希望你受那份罪。

　　一直到12岁那年，红香小学毕业，考得不好，要想进中学，是要掏

多样剧种

一笔不菲的入校费的;况且,那一年,红香的爹在外打工时,在工地上出了事故,人虽没死,却也跟植物人差不多了。那点子赔偿款在一番四处求医问药之后,也所剩无几。红香便执意不再继续上学了,在家帮着奶奶照料人事不省的父亲,有大半年的时间。突然有一天,爷爷便告诉她,小孩子总是要学些本事的,要不然,长大了靠什么吃饭?

县城里有所戏校。听人说,这戏校最开始的时候,也就是个草台班子。开始招弟子的时候,红香的爷爷也在那班子里,说起来,算是开校的元老了。红香进这戏校,倒没花什么钱。戏校校长见了红香的爷爷,热情得不得了。话说,校长他爹跟红香的爷爷年轻的时候,可都是这个淮调小剧团的台柱子呢,感情甚笃。校长好一番感慨,感慨老一代的沧桑暮年,感慨如今淮调的人才凋零。校长其实是嫌弃红香有些年龄大的,但想想是老一代"名家"的嫡亲孙女,定然也是从小受了些真传的,倒是欢喜无比地收了红香。

校长对红香说,淮调又称"怀调""漳河老调",是一个古老稀有、独具乡土特色的地方小剧种,起于隋唐时期,兴盛于清康熙年间;只是民国之后,世事纷乱,淮调自身也缺乏突破性发展,而慢慢走向了凋零;如今,已是走到绝亡的穷途末路了,你们可是淮调未来的希望啊。

校长对红香说,淮调唱腔音调挺拔高昂,朴实粗犷,节奏明快,舒展奔放,浑厚有力;但淮调不同于其他以唱为主的剧种,淮调在演出形式上,动作古朴、粗犷、豪放,继承了祭祀舞蹈的动作特点,还有古杂技功底和大洪拳架势及大扭大摆的舞蹈技巧,所以,除了唱功之外,你们要练的基本功可是诸多剧种之中最多最难的。

校长对红香说,淮调的剧目大多是以颂忠除奸、保家卫国为主的政治色彩很浓的历史剧,如《收吴汉》《杨家将》等,经常演出的有《殷蛟下山》《两郎山》《三战吕布》《摔饭罐》等四十多个剧目。你们不要急,我们慢慢学。

校长对红香说……

在这之前,红香是从来不知道这些的。她从来没想过要继承什么、发扬什么,或是承担什么,仅仅只是觉得好玩,觉得这淮调是与爷爷相关的最温暖美好的记忆。

戏校规模其实并不大,六七个班,每班最多十几个人,少则五六个。大都是10岁左右的小孩子,像红香这样年龄的,也有六七个,但除了红香,这六七个十三四的少年,大都是从小就在这里开始了学戏生涯,他们中的大多数已经有过登台演出的经历了。

其中,就有玉书。

与玉书相熟了许久之后,红香才知道,玉书是这戏校校长的儿子。四五岁的时候,在戏校创办之初,就被自己的父亲强行带了进来,一学就是10年。

红香在进戏校第二年年底的学校新年联欢会上,见过玉书的表演。表演的是淮调的经典剧目《殷蛟下山》中的一段——殷蛟耍"獠牙"。上了妆的玉书,嘴里含着八只长长的獠牙,仅仅依靠着舌尖和牙关节等部位的搅动,将八只獠牙推出并做出各种姿态,或收或吐,或牙尖相交,或两牙相击,一系列的动作、表情把殷蛟这个花脸的凶狠表现得淋漓尽致。红香看得整个人都傻掉了。

玉书说,为了练这个功夫,他被父亲调教了差不多两年,嘴里塞东西,搅得牙关出血是常有的事儿。

玉书说,其实,他是有些倦了,他不想继续下去了。舞台上,他竭力而机械地表演着,觉得自己就是父亲的提线木偶。他其实是体会不到表演的快乐的,甚至,台下的掌声他都不愿听到。

玉书说,他是很清楚的,为了这个戏校,父亲投入了多大的精力,把自己的儿子投了进来不说,时常的经费紧张,更是让父亲每每焦头烂额。近些年,淮调越来越没了市场,一年到头,难得有那么几场演出,靠演出挣的那点钱只能算是杯水车薪。母亲身体不好,却为了支持父亲办这个破戏校,一

拖再拖地不去大医院看病。他甚至有些恨父亲，恨他为了一个注定要被淘汰的东西，而挣扎得像条垂死的鱼。

玉书在登台表演《殷蛟下山》的那年春节过后，就再也没有在戏校出现过。直到那年的夏天，红香才辗转收到了玉书写来的信，来自温州。玉书在信中说，有些想念戏校练功场上那比人还高的蒿草，想念教室里满墙贴着的那些淮调剧照，想念……玉书说，红香，还想你。但是，玉书说，他不会回来了，绝对不会。他宁愿像大多数的年轻人那样，在南方的鞋厂里、电子厂里过着朝七晚十的生活，也不愿意再去经营父亲的那个不知道还有没有明天的淮调梦了。

红香看到这封信的时候，刚学会了一个完整的淮调剧目《杨家将》，她是杨排风。

其时，爷爷和父亲都已经去世。哥哥也结了婚，母亲不再外出打工。红香在戏校放假的时候回家，家里冷冷清清，只余下了奶奶、母亲和她这三个女子，像已步入风烛残年的杨门女将。

但17岁的红香到底还是个年轻的女孩子，她时常会想念玉书，每每想起时，所有的灰色现实里，突然穿透而来一束束七彩跳跃的光。

爷爷不在了，红香对淮调的欢喜好像也随着爷爷的离去而断了根系，她觉得学戏的自己像风筝，被爷爷撒了手，忽忽悠悠地飘……而玉书，成了她唯一要飘飞而去的方向。

红香不知道，自己在这所人数越发少了许多的淮调戏校里，还能坚持多久。或许，明天；或许，后天；或许，不远处的某一天，她就义无反顾地转身离去了……

一人一琴一世界

李长需 | 文

郭九洲的轧琴时代

郭九洲接过了爷爷的衣钵，开始了他的民间表演生涯。这是一个广阔的天地，婚丧嫁娶、祝寿还愿，都不再忌讳了。

什么活动吹什么曲子、唱什么戏词，都是有讲究的。比如结婚娶媳妇，一开始就先拉一段《过街翠》，聚聚人气暖暖场。《过街翠》给人的感觉像娶媳妇的队伍在大街上边走边欢快地吹着乐曲，新媳妇的轿子忽悠忽悠地荡着，很有趣。

吹完《过街翠》，就吹《高山流水》《大开首》《双叠翠》，这一段光拉不唱，等拉完了，再盘盘弦子，开始边拉边唱。

根据家庭喜怒哀乐的情况，唱词也不一样。结婚可以唱《小三姐做梦》《余二姐求子》；祝寿可以唱《龙三姐拜寿》《富贵图》《小三姐做梦》《徐郎上寿》等；丧事可以唱《卧龙吊孝》《五员哭墓》《孔子哭颜回》等；求神还愿唱《龙三姐拜寿》《韩湘子传》《白蛇传》等。

郭九洲这个初中毕业的人，在村中也算是有学问的人了。除固守戏书中老词儿之外，他还有见景生情临场编词儿的能耐。

郭九洲为了让我们有切实的感受，便调调轧琴，边弹边唱了起来：

祖师大殿高又高，善男信女把香烧。
烧香求菩萨来保佑，但愿得四季常平安。

【作者简介】
李长需，媒体记者。

这是给新开光的庙宇现场编的词儿。

山中松柏枝叶旺,教师业绩地天长。
中日思想新用上,培育新苗快成长。
十年动乱遭不幸,尊敬之人落法盲。
最后水落石头现,教师业绩分外香。

这是在庆祝第二个教师节时,他现场编写的新词儿。

这些看似简单的唱词,伴着纤细文雅的轧琴,经他演唱起来却如天籁,美妙的愉悦感充溢心肺。

编戏劝人莫赌博

小调写得多了,郭九洲心痒难耐,想尝试着写写大调曲词。到底写些什么内容呢?思来想去,他还是决定配合当地的宣传形势,写些与村民们生活密切相关的东西。

郭九洲回到卧室,扒拉出四页他已经写好多年的作品,分别是《赌博害处大》《多子多害计生好》和《同心协力奔小康》。

"我可以都给你们唱一遍。"郭九洲打着手势,不看戏词,先唱起《赌博害处大》:

封建社会几百年,流传下一种旧习把人瞒,有的人为赌博倾家荡产,把上级法律文件搁一边。

赌博害处特别大,头一条思想名誉败坏完;第二担心常害怕,思想上好像压着千斤担——

压着嗓子的低音,婉转而曲折,顿挫而抑扬,起承回转,如行云流水,在崭新的客厅里飘荡。

"这个算是个小调,比较简单。"郭九洲说,《多子多害计生好》和《同心协力奔小康》则是大调,有完整的曲牌:前者包

括"古子头(开头)""银纽丝""亚儿油""诗篇""古子尾(结尾)"等;后者则更多,包括"古子头""阴阳句""诗篇""银纽丝""莲花落""亚儿油"和"古子尾"等。

我们听着这些曲牌,感到很新奇,特别是《多子多害计生好》,郭九洲唱起来有板有眼:

【古子头】同志们请坐,细听我说。基本国策牢记着,盲目生育害处多。

【银纽丝】计划生育上级经常说,要求人民必须照做。党的政策好,上下相结合,提倡一对夫妇生一个。有志人不需要多少,无才人多生也是枉然。

【亚儿油】计划生育是国策,男女老幼经常谈。涉及千家和万

户，终身生一女或一男。广大千群齐称赞，都说政策称心愿，这个说多生孩子负担大，那个讲育儿吃苦实难言。

【诗篇】个别人封建余毒未肃清，散播废语造谣言，说什么儿多有福享，有儿有女福寿全。这种思想得批判——

这样悠扬的唱词，跟生活贴得如此近，让我们不由得想起老戏本上的那些唱词，它们中的某一个，或许就是像郭九洲这样的民间老艺人，有感而发创作而成的。

唱戏治好了面瘫

随着戏班人员逐渐年长，郭九洲组织的戏班子逐渐凋零。他曾试图教一些年轻的孩子，以继承他的衣钵。但几年前，一场突如其来的疾病，让他难以为继。他得的是面瘫，面部肌肉僵硬，赖以唱戏的嘴巴也歪斜起来。

"他消沉了很长一段时间，整天闷在家里对着轧琴发呆。"郭九洲的妻子说，这是一个视轧琴与戏曲为生命的人，没有演出的时候，他就找一些有同样爱好的朋友到家中，痛痛快快地唱上一天两天。"许昌的、平顶山的都有，我经常一批一批地招待，成了他们的后勤部长。"

郭九洲很感谢妻子这么多年对他的支持。她从来没有对他有过什么怨言，即使家庭开支再紧张，也会热情地招待各地来的戏友们。

郭九洲拿出两张碟片，放进影碟机中，出现的画面都是他跟朋友们坐在家中树荫下唱戏的情景。十几个人的场面，拉三弦的、拉四弦的、拉二胡的、拉轧琴的，很是热闹。而他们的唱腔，和着夏日的蝉声，在午后的院子里发酵。这样欢快的场面，犹如一个世外桃源，让人忘却人间的喧嚣。

自郭九洲面瘫之后，戏已不能再唱，手脚不锻炼，也没有从前那么灵活了，朋友们来得少了，他的寂寞开始滋长。

妻子开导他，或许多锻炼锻炼，声音就不拖拉了，兴许还能治好面瘫呢。他听了妻

子的话，唱过三四回之后，声音果然不拖拉了。"你看看我现在嘴还歪不？要是你以前来，我是一句也给你唱不出。"郭九洲说，他的面瘫现在基本好了。

我们也几乎看不出有什么异样。这的确是一个难得的传奇。

临别送曲孔明传奇

欢快的时光很容易流逝，从上午八九点钟，一直到下午三四点钟，我们一直听郭九洲聊着有关轧琴的故事，故事之外，他拉着轧琴、二胡等各种乐器，边弹边唱了不少的大调小调。

临走时，他丝毫没有疲倦，依然情绪高昂，还要给我们唱整出的《二仙传道》。这是整个戏本中没有的唱词，是他爷爷亲授的经典。"这是诸葛亮的故事。"郭九洲说，诸葛亮隐居卧龙岗未出山前，靠着路边的石人休息，梦中得石人指点，让他到东南八百单八步的黑龙潭，那里有一个蛤蟆仙正在修炼三朵莲花，他如果把三朵莲花吞进肚内，可成长生不老仙。

诸葛亮醒来后依言而行，吞掉了蛤蟆仙的三朵莲花。恼羞成怒的蛤蟆仙问明情况后，决定报复石人，让孔明拿根青皮棍，照着石人的头顶狠打七七四十九下，石人就能吐出三本天书，如果把三本天书都学会，可保刘备坐西川。

诸葛亮依言而行，果然得到三本天书，等他学会天书，刘、关、张已到门前，准备三请他出山了。

诸葛亮这个成才的故事出乎我的意料。两年前，我曾在雨中徘徊到卧龙岗，感知诸葛亮成就文韬武略的环境，还追寻其出山后的踪迹，访问了博望坡和新野，但万万没有想到，在民间的演绎中，诸葛亮的成才之路是如此生动曲折，连正史、野史的大手笔们，也绝不会想到这样的故事编排。"开始吧。"郭九洲从沙发上站起，一手托起轧琴，一手持弓，一段欢快的过门之后，他开始边拉边唱：

> 汉朝江山四百年，内出董卓掌大权。有一人姓诸葛名亮字孔明，自幼修行在河南。诸葛亮祖国各地都走遍，不胜河南卧龙山。
>
> 诸葛亮卧龙岗上来修炼，就在此地搭茅庵。行走不觉身发倦，石人面前讨了安。诸葛亮石人面前蒙眬睡，石人梦中把话言。石人说孔明先生起来吧，赶快起来下东南——

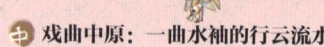

戏曲中原：一曲水袖的行云流水

锣卷戏

佚 名｜文

农闲时分，孔庄的大喇叭总会传出村民们熟悉的音乐：村里业余戏剧团的锣卷戏就要开唱了。这可是全村的大事。

别看是小村庄里的业余剧团，这里却保留着全国现存唯一的珍稀剧种锣卷戏。锣卷戏，又名"青戏"，有一千三百多年历史。说到中国戏曲的渊源，中国自古就有"一青戏，二黄梅戏，三越调"的说法。黄梅戏、越调都还有正规剧团，唯独青戏只剩下孔庄农民业余剧团这根独苗了。所以，锣卷戏不仅是目前"百戏之源"，更是河南戏曲的"活化石"。现存的锣卷戏历史剧目有四百多部，多为各个朝代的经典剧目，对研究历朝历代文化具有极大的参考价值。

锣卷戏唱腔优美动听，唱词通俗易懂、耐人寻味。锣卷戏始于一千三百多年前的唐朝初年，首创了用大锣为乐器伴奏。后来流传至民间，在邓州一带得到了发扬光大。

锣卷戏的主要伴奏乐器是唢呐，所以又被当地人俗称为"喇叭戏"。其表演形式多为舞台戏，几十人同台演唱。锣卷戏分锣戏、卷戏两个分剧种，锣戏用的是大唢呐，卷戏用的是小唢呐。早年演武打曲目的时候，还加有一米多长的喇叭、羊角号。遇到两军厮杀场面，所有吹奏乐器、打击乐器一齐奏响，大有雷电交加、金戈铁马的壮观气势。

锣卷戏很好看，因为它吸纳了其他民间艺术表演形式的优点，如武术、杂技、舞狮等。武打戏粗犷、奔放，用的全是真刀真枪，开打时不但有"当当"声响，而且火花飞射，让观众有身临其境的感觉。

多样剧种

邓州市桑庄镇孔庄锣卷剧团

数百年来，锣卷戏历经风雨，曾经因为战乱，到19世纪末20世纪初，锣卷戏几近消亡，直到20世纪中叶新中国成立后，1953年，邓州桑庄镇锣卷戏传人刘长江发动村民，卖掉自家的耕牛和粮食，凑钱购置了道具及设备，锣卷戏这门古老的艺术才迎来了又一个春天。当时有一个顺口溜："能舍天，能舍地，咋也不能舍了锣卷戏。"当时，锣卷戏的复出不仅轰动了河南，在整个中国的中东部地区都深受群众喜爱。那时有个诙谐的说法："不要老婆，不要地，只要好听的锣卷戏。"

时代在发展，电视机出现，古老的锣卷戏也在流行歌曲声中缓缓落幕。到今天，邓州桑庄镇孔庄村保存下来的已经是中国唯一一个锣卷戏剧团了。道具、设备都已陈旧，没有灯光，没有音响，唯有一群老艺人还在坚守着。

七十多岁的刘老师，就是当年为振兴锣卷戏而卖掉家产的刘长江的第二代传人，也是业余锣卷戏剧团的主心骨儿。说起喜欢了一辈子的锣卷戏，老人有些着急："我会很多戏，也准备教给别人，但是不来跟我学，我也没办法，我真怕带到土里去，我也在找人写，我要是死了，剧本能留下来也行。"

老人最放心不下他的那些剧本。现存的锣卷戏剧本寥寥无几，后继创作力量一直没跟上，如果剧本失传，锣卷戏也就很难保存了。曾经有人出三万元一本要收买老人手里的手抄剧本，对于老人来说，他手里的随便哪个本子都能把家里的房子翻新一下，但是老人拒绝了："我不卖，谁真心学习锣卷戏，喜欢唱，我可以白给，贵贱不卖它。"

找徒弟，成了老人的一块心病。锣卷戏目前的影响范围比较小，基本就在孔庄一带，而这里的很多年轻人又外出打工去了，

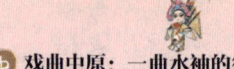
戏曲中原：一曲水袖的行云流水

所以现在的演员多数都是女性，且年龄基本都在40岁以上，这对起始于武戏的锣卷戏来说多少有点尴尬。

四十多岁的江新民是刘老师的女徒弟之一，她唱花脸，这个行当专门刻画性格粗犷的男性。从1985年嫁到孔庄后，江新民就喜欢上了锣卷戏。因为天生嗓音浑厚，她的"第一花脸"地位始终没动摇过。即便如此，江新民同样很焦虑。她希望有新剧本，希望有新的学生，没有年轻人唱是不行的。

师徒俩总算有了一点安慰。16岁的刘洋现在是剧团中最小的成员。虽然还不能上台演出，但是他能熟练地为多个剧目伴奏，对于锣卷戏的节奏和旋律，了然于胸。说起锣卷戏，刘洋两眼放光："可喜欢锣卷戏啦，好听，好看，我已经学了好几本了，想让我兄弟也学，学好了争取也能上台演出。"

为了把锣卷戏保存下来，当地文化部门也一直在努力想办法，除了提供资金上的支持，还申报了全国非物质文化遗产项目，并且将一些经典剧目录制成音像资料保存下来。邓州市文化局还专门成立了锣卷戏保护领导小组，这让江新民多了一丝希望。江新民说："没有资金，大家一起凑钱也要唱下去，只要喜欢就不放弃。"而七十多岁的刘老师想得更远："锣卷戏要保存下去，将来要唱到世界上去。"

多样剧种

乡村里的鬼戏

刘小江 | 文

【作者简介】

刘小江，河南清丰人。濮阳市非物质文化遗产保护中心主任，市群众艺术馆副馆长。中国民间文艺家协会会员，河南省作协会员，濮阳市民间文艺家协会主席。

早就知道河南省濮阳市南乐县的民间还保留着演鬼戏的习俗，但一直未能前往看个端详。今年终于觅到个机会去了一趟南乐县寺庄乡前郭村，真真实实地看了一场鬼戏，并与众"鬼"们握手聊天，饮酒唱和，好不痛快。于是我渐渐走近了"鬼"，迷上了这个深藏在民间的"鬼戏"。

3月里一个春风和煦的早晨，我们一行五人驱车五十多公里，在南乐县文联张书记的带领下来到了一个叫"前郭村"的村庄。该村地处县城西北角十公里，村中以张、贺、苏、李姓为主，两千余口人，村中大小街道胡同纵横四十余条，像一个迷魂阵。同来的作家潘克静风趣地说：抗日战争时期如果日本鬼子进了前郭村，肯定让他们有来无回。前郭村还未进行新农村规划，村庄的形式布局依然保留着明清时期的乡村风格，显得古旧神秘。村东有座天爷庙，庙前石柱上雕刻着一副对联，上联"庙内无僧风扫地"，下联"佛前无烛月当灯"。前郭村的目连戏传承人张占良老人告诉我说，从前村里每到正月十五左右，都要把目连戏搬到天爷庙前演出，十里八乡的老百姓都赶来观看，人山人海的，那场面很大。张占良老人还说，民国年间，村里的目连戏有一次去县里演出，县长还当场赏给过四块大洋呢。张占良老人有滋有味地讲述着目连戏的过去，脸上洋溢着自豪的笑容。

目连戏的渊源与传说

目连戏演的"目连救母"的故事,最早见于东汉初由印度传入我国的《佛说盂兰盆经》,"盂兰"是梵文音译,意为"救倒悬"。唐朝文人改编成说唱文学《目连救母》。有关目连戏最早的文字记录见于南宋孟元老撰写的《东京梦华录》,书中有关于中元节的记载:"构肆乐人,自过七夕,便搬目连救母杂剧,直至十五止,观者增倍。"前郭村的目连戏据传自北宋由开封流传而来已近千年,宋朝南迁之后,目连戏才广泛传播南方诸省。村中目连戏传承人张占良老人说:"俺村演目连戏已有几十辈子啦,说是从大宋传下来的,俺小时候听八九十岁的老人说,他们上几辈儿的人就会演目连戏。"

前郭村目连戏主要讲述了凤阳府凤阳县的民女刘氏,常年吃斋行善,名传乡里,她的小弟刘长基吃喝嫖赌、不务正业,经常向他的姐姐刘氏借钱外出鬼混,刘氏对弟弟的作为很生气,多次拒绝他的无理要求,并好言相劝。刘长基对姐姐的好意十分羞恨,遂借刘氏回娘家探亲之机,在刘氏的茶水中掺酒,饭里加荤腥之物欲破其斋戒,并告刘氏阴状,诬其作恶不善,好吃懒做,辱骂公婆,四邻不和。阎王知道后就命五鬼捉拿刘氏,后来才知是刘长基陷害,遂又捉拿刘长基将其严惩。刘氏之子目连,被南海大士超度上山,教习兵法武艺,学得一身本事,其师赠他阴阳扇、九连环两件宝物,命目连下山救母,目连用九连环打开丰都城,救出了母亲。南海大士封刘氏转世为皇姑,目连转世为黄巢。明朝文人郑之珍编有《目连救母劝善》戏文;清康熙年间目连戏进入宫廷,皇家亦搬此目,当时的文人张照编有《劝善金科》传奇。前郭村目连戏主要情节与上述明清时期的戏文截然不同,从该村目连戏的故事情节、思想内容及主要人物看，与唐代的目连变文一脉相承，可见其历史的久远。

目连戏的艺术形式

前郭村目连戏综合戏曲、杂技、武术、焰火、魔术于一体，服装、道具、化妆等也均有独特之处。由于目连戏深藏民间，"非遗保护"未实施前，还不被外人知晓，因此显得古朴粗犷，诸多艺术内容仍保留着原始的面目。

目连戏的唱腔原来以花鼓调为主，后又改为大平调，因其真刀真枪、粗犷豪放，比较适合目连戏的武打表演，从清代中期改为了大平调。目连戏还有一些情节无台词，俗称"哑巴鬼戏"，表演时没有唱词，全凭演员的身段、手势、表情、武打等来体现剧情，从中可以窥探到目连戏那久远的风貌。

目连戏的乐器有锣、鼓、大铙、大镲、尖子号、海螺、大弦、二弦、三弦等。张占良指着一木箱乐器笑呵呵地说："这些乐器都是俺们自己做的，既省钱又使着可手，其中海螺是目连戏独有的乐器。"

目连戏的脸谱主要是鬼妖脸的形状，青面红发或红面绿发，有黑白花、黄白花、青白花、蓝白花、烟黄花脸等，多夸张眼口及头部，示其二目凶恶、血盆大口、巨齿獠牙、头上长角等奇形怪状。目连戏阎王专用的阴阳脸也颇有特点，半面涂青半面涂红，以鼻梁为界两面对称，意在表示他既管阴曹之鬼，又管阳世之人。目连戏中的众鬼卒均戴用麻丝染色的鬼发，双鬓还要各饰一绺白纸穗。老艺人们说，鬼是阴间派来的，白纸穗是阴间的标志。无常穿的白长衫是目连戏中无常专用的，其服瘦束肩，衫长过膝，两袖短而肥大，前后开叉，通白色，给人一种阴森森的感觉。

目连戏中的砌末一是三节棍。三节棍共三节，每节长三尺，总长九尺，由白蜡杆连接组成，每节的两端均用铁片包裹，并装有半圆铁环，节与节间由两个铁套环连接，可

随意折叠或单开使用。二是梢子。梢子共两节，长节四尺五，短节一尺五，做法和三节棍相同。目连戏人用顺口溜赞曰："小小梢子两半节，鲁班解开老君接。接够七七四十九，打山山崩，打地地裂。"三是四节镋。镋头长一尺二，为铁制三股马叉，下为圆形裤管，与长八寸的白蜡杆固为一体为第一节。中间两节各长三尺，手握节长一尺三，总长九尺三。每节端用铁皮包裹，中间用铁环连接，亦可折叠使用。目连戏人用顺口溜赞曰："摇头摆尾百样能，上山捉猛虎，下海擒蛟龙。"四是马叉。马叉为三股铁制矛头，中股上为菱形，股下另制一细铁棍，各套三圈铁环，焊在两股下部。铁叉和木柄结合处缀八寸红缨一簇。盘叉时红缨飘散，环声作响。五是九连环。环头根段为一铁制裤管，从管上部伸出等距的三根铁棍各弯成半圆形，至顶端焊接到一起，并在焊合处装一两寸长的长菱形枪头，三根铁棍呈三菱形，每根缀三圈铁环，耍时九环作响。传说为专打阴曹地府的宝器。六是拐。拐由立拐身和横拐柄两部组成。拐身为铁制，高二尺五，顶端有菱形枪头，下端焊制拐柄，用时牛角尖向外，有直刺、斜刺、外搞、架刀、擒枪等路数。七是套板。套板头为长一尺宽九寸的木板，中间挖一长八寸宽七寸的椭圆孔，下接三尺木柄，柄上部一侧呈弧形向外凸起，板顶两端各缀一簇白纸穗。

目连戏里最精彩的一折要数《五鬼拿刘氏》了，该戏分五个层次，头四个层次为单鬼拿，最后众鬼群拿，路数不同而各具特色。大鬼拿刘氏时，刘氏双手颤抖做惊慌状，举裙碎步小跑上，左顾右盼正欲寻找躲藏的地方，大鬼迎面飞起一脚，刘氏一个倒翻跟头劈叉坐地，双目盯着大鬼，吓得双手举衣哆嗦。继而复起再逃，大鬼抢前一步又

踢一脚，刘氏又一个劈叉坐地，怒视，大鬼右手举叉，左手指刘氏，双腿屈膝下蹲，步步逼向刘氏。刘氏折身跳起，大鬼暴跳，连打旋风脚，双手举叉上下抖动，表现了擒拿不住气恨交加的焦躁情绪。刘氏欲逃，大鬼左拦右挡，举叉猛刺刘氏，刘氏侧身躲过，乘机抓住叉柄，两人同时鹞子翻身成背对背，大鬼猛一俯身将刘氏从背后越头急甩而过，刘氏乘机松手逃走，大鬼持叉追下。接着是四鬼、五鬼、地方鬼捉拿刘氏的激烈搏斗场面，每次捉拿都有不同的打斗场面，惊心动魄，让人看得痴呆入迷。最后是众鬼群拿刘氏，刘氏做惊魂失魄奔逃状，众鬼穷追不舍，刘氏凌空一纵劈叉坐地，众鬼们持叉、套板、锁链团团围住。四鬼举套板套住脖子，三鬼用铁叉抵其腰，大鬼二鬼用叉叉住刘氏双脚，之后将刘氏举起。当曹官吩咐"打进丰都，牢牢把守"后，众鬼举刘氏下场。

目连戏中的带彩特技有锯解、磨研、开

膛破肚、喷火等，令观者胆战心惊、毛骨悚然。在过去文艺节目贫乏的时代，目连戏的特技往往成为百姓们在劳作之余寻求刺激、满足心理需求的主要娱乐内容之一，颇受群众的欢迎。

《目连救母》共有14场戏，分《五鬼闹判》《五鬼拿刘氏》《目连僧救母》三大部，可连演七个夜晚。场次名称依次是《阎王登殿》《阳间巡查》《寒食扫墓》《差鬼拿刘氏》《目连失踪》《五鬼拿刘氏》《审刘氏》《刘氏游地宫》《捉拿刘长基》《审刘长基》《目连下山》《发落刘长基》《目连打丰都》《发落》等。

唱词（《目连救母》唱词中《五鬼闹判》一折选）：

[曹官引众鬼巡视上]
曹官：（念）腊月十五庙门开
牛头马面两边排
阴曹判官来值日
带领鬼卒巡查来
（唱）往南看观到南海南
观音老母坐花船
众鬼：（唱）王母娘娘掌着舵
四大金刚拉牵船
曹官：（唱）观罢南方观西边
雷音寺佛祖坐在莲花盘
……

目连戏的艺术价值

南乐目连戏出于佛经，源于北宋杂剧，是流行于河南省南乐县民间的一个口述本，就其情节和思想内容及主要人物来说，与唐代的目连变文一脉相承。专家在评价目连戏时如是说：历史上最为有名、剧目最多、保存最为完整、内涵最丰富、规模最为宏大的汉传佛教戏剧，当数目连戏。南乐目连戏自北宋开封流传到南乐已近千年，因深藏民间，至今还保留着它原始的风貌，是我国保存下来的最古老的稀有剧种，堪称戏剧的"鼻祖"和"活化石"。

著名戏剧专家马紫晨先生在1988年写的一篇文章里说道：原以为起源于北宋开封的目连戏已在中原消失了，1986年在全省民间舞蹈普查活动中，又意外地发现了它还鲜活地生存在河南的民间。南乐民间演出的目连戏，就是北宋杂剧《目连救母》的遗响……而且，南乐县民间赛社式的目连戏演出，无论是从其粗犷、古朴的风格，还是从其表演程序、体制的安排来看，比之外省已登上舞台的目连戏演出，都很可能更加接近北宋杂剧的原始风貌。

南乐目连戏文化蕴含博大厚重,又有实物佐证,在宗教史、戏剧史、民俗史、艺术史等研究方面具有十分重要的意义。

目连戏的现状

去前郭村那天,正赶上目连戏班的村民们在排练节目,目连戏传承人张占良告诉我说:"本来目连戏班的人都出去打工啦,现在大城市里缺人,管吃管住一天还挣一百多块呢,耽搁不得。前几天省里突然来通知要调咱的戏去郑州演出,这是该咱目连戏风光的大事,我只打了个电话,他们都自觉地从外地赶了回来,下一步要好好排练几天,去省城演出可不能丢了人。"往年正月里都是农民们休闲娱乐的时间,届时便搬出目连戏尽情热闹上几天。如今演目连戏的年轻人都走出了家门,走进了城市,为生计奔忙着,昔日喜爱的娱乐技艺正在淡出他们的视线。老艺人张占良、贺书各无奈地说:"村里的年轻人一过完春节就进城打工啦,有的连过春节都不回来,咱农民挣个钱也不容易啊,要不是有演出任务,还真舍不得喊他们回来。"如此看,技艺传承的问题在现实面前显得又是那么脆弱,传统艺术在自身传承、树立品牌、打造产业等方面是一个有待探讨的重要话题。

前郭村目连戏自2006年被国务院列入《第一批国家级非物质文化遗产名录》之后,市、县文化部门在政策和资金方面给予了大力支持,外出表演的机会也渐渐多了起来,这些都让前郭村人感到自豪和荣光。演目连戏的年轻人曾对我认真地说:在外边挣的钱再多,也没有俺村目连戏演出的事儿重要,老辈儿传下来的活儿,不能都毁到咱手里。

这些质朴又掷地有声的话语,让我的心头一热。

戏迷开怀

作为河南戏迷,是有福气的。因为有着这么多五彩缤纷的戏曲剧种,这么多的名家名角。你方唱罢我登场,戏迷们乐在其中。除了听,戏迷们也在公园一角、戏迷茶座上争相献唱。无论唱得好与孬,唱的都是那戏文中的人生百态,唱的都是那现实生活里的苦辣酸甜……

乡村戏剧

张树民 | 文

电视进入普通农家前,地方戏曲就是农村的文化大餐。每年秋收秋种以后,洗了犁,挂了锄,锣鼓一响,乡戏就热热闹闹地开场了。

乡戏乡里人演,演给乡里人看,自然说不上有多高的表演艺术和多美的艺术享受,就连那搭建的土木戏台也因陋就简、就地取材。演出时既无帷幕舞美,又无灯光音响,锣鼓铙钹胡琴喇叭咣咣咚咚吹弄敲打,也根本谈不上多么悦耳动听。

可乡里人盼望乡戏,喜爱乡戏,乡戏是乡里人劳动之余尽情地自娱自乐、表达喜悦、享受悠闲的最好最简便的方式。在乡人的心目中,一台戏承载的意义已远远超过演戏和看戏本身,它就像是一个综合舞台,牵绊着政治、文化、商业、家庭伦理各方面的内容。唱乡戏不仅为了图热闹,而且为了压煞辟邪、祈福禳灾。乡戏既是乡里人的精神图腾,又是村里的一种古老习俗。逢年过节、新儿满月、婚姻寿辰诸如此类的大事和喜事,乡里人总是用戏曲来表达心中对美好生活的久久企盼与痴痴迷恋。那种狂喜和激动,真是难以想象、不可描摹。

情之所系,兴之所至。乡戏最适于在乡间的土木戏台上唱。唱戏的时节,要么是北方大地小麦秋播完毕,冬闲时节的空隙;要么是正月里,春光乍现,地气转暖,春麦刚刚能没脚,年的气息还未走远的日子,村里的热心戏迷便踊跃外出、不辞辛苦地去请戏班子了。

来演戏的大多是跑江湖的民间剧团,艺人们走村串庄、颠沛流离。今天听说在陈庄村,明天就到了杨庄村,所以寻访起来颇为费力。不过,热心戏迷不在乎,就算跑破一双"解放"鞋,也乐此不疲。终于,他找到了戏班子。班主对他很热情,他们的生活也就有着落了。于是,

【作者简介】
张树民,河南许昌人。

戏———迷———乐———园

先美美地看几场戏,解了馋,等到场次演完了,才陪着戏班子回了村。

戏班子的到来总会使一个寂寞无趣的乡村夜晚变得饶有风味。先是那开场锣鼓咚咚锵锵地闹台,整个村子都似乎翻天覆地了。大家奔走相告,神采飞扬。眼馋心急之人早早便来到后台,想瞧个究竟。只不过帐幕深垂,其中深浅,无法辨清,却也越发撩起看戏人的急切心情。

村民戏瘾大,单场戏根本解不了馋,所以多唱大本长折的连台戏。连台戏一般都在晚上唱,一唱就是好几个晚上。那时村里尚未通电。开演前,高高悬挂于戏台两侧的汽灯将台面照得通明透亮,煞是气派。整个戏场上身影拥簇、人声鼎沸。台边趴着许多顽童,他们不时给自己父母做做鬼脸,逗来一阵阵大笑。戏场边上小贩们蹲在地上,挑着小马灯,长一声短一声地吆喝,面前摆的多是花生、烟卷之类的杂货。货郎们也摇着拨浪鼓,四处游动,寻找销售对象。

随着一阵喧天动地的锣鼓声,台上大幕横开,演员自后台出来了,全场立时鸦雀无声。不过女演员全都掩面背身、碎步轻移,急得观众将脑袋左伸右探,却也难以看清面貌。待演员们侧身施毕礼节,一个个方才将身形转正。女演员又用长长水袖掩面,令人一时难辨其庐山真面目。至于那些不加遮掩的男演员,大都有脸谱或面具,吸引人的同时,也让人揣摩不透,究竟是丑是俊。

报完幕,大戏开演。终于能看清那些女演员了。一个个果然清姿秀色、身段窈窕、凤目柳眉、盈盈含情、翩翩如鸿,忽而莞尔一笑,百般娇媚顿生,令人心驰神荡。不待开演,台下已响起了经久不息的掌声。

大本连台的戏,大多是悲剧。悲剧是将人生有价值的东西毁灭给人看,因此多情多

戏曲中原：一曲水袖的行云流水

味,魅力无穷。演员能将戏做得细腻真切,扣人心弦。唱腔悲切,声调凄怆,揪心裂肺,愁肠千回,极具感染力。台下观众,多数置身于生活幻觉中,竭力缩短与舞台的距离,和剧中人物同荣共辱,一起沉浮;把男女角色想象为身边的张三李四,从他们那里尝受了生活本身的酸甜苦辣,不觉喟叹人生如戏、戏如人生,让人不知戏里戏外矣。

事实上,村民较喜欢的戏,也是我和一些少年玩伴常看的戏。有演出的夜晚总是人气很盛,这种乡村戏剧节目,剧情和戏文耳熟能详、喜闻乐见,由于贴近生活贴近百姓而显得亲和力蛮强,具有喧嚷的底层大众文化特质,深受父老乡亲喜爱。常常还是黄昏时分,戏台下面的场地已有很多板凳码了位子。一些先到的村中长辈们吧嗒着自卷的叶子烟闲聊。妇女们边拉家常边纳鞋底、补衣衫或者奶婴孩,手也不肯闲着。看客多起来时,戏也就要开场了。乡村看戏,大人们主要看剧中情节,小孩总是爱凑热闹,小伙子和姑娘们也趁这个时候瞄对象。少男少女,情窦初开。谁家小伙看到哪个姑娘身材苗条,脸蛋又俊,便设法往那姑娘身边挤。倘若姑娘坐的是长凳,男孩子一屁股坐上去,厚着脸皮殷勤讨好,有时没等别人答应,就去买瓜子买水果。我曾见一愣头青去买来盐煮花生,竟一慌张坐到姑娘腿上,板凳一斜,盐煮花生撒了一地。

这就有了乡村演戏、兴味在戏外的别意。正月至春耕来临之前,乡戏隔三岔五地演。什么剧团要来唱戏了,那种消息飞快地传递着整个村庄的躁动,真的比看戏还够味儿。还有那些在墙根儿晒太阳的老汉们,也不像往常那样双手笼在袖筒里,眯着眼睛享受淡黄日光的暖照;也没有嘴上叼根烟卷,有一搭无一搭地和别人插科打诨。此时,他

120

戏　　迷　　乐　　园

们开始捧戏班或者捧角，谈论着要来的某个剧团有了新布景，或者某个小旦声音细嫩、扮相又好等，谈论没完没了。时不时，又有人亮开喉咙，放肆地吊一嗓子："我正在城楼观山景，耳听城外乱纷纷。旌旗招展空幡影，原来是司马发来的兵……"这是《空城计》里诸葛亮的戏词。唱声，很快湮没在众人的叫好声中。

总是在寒假里看很多戏。村里晚上唱戏，大抵要唱到后半夜，冷白的月亮挂在西边的树杈上，夜凉如水，四周寂静，冻得观众直打哆嗦。小孩子已在大人腿上睡了，父母将自己的衣服脱下来，盖在孩子身上，自己冷得浑身颤抖，就是不肯回家拿衣服，生怕错过精彩的片段。

白天，演员们卸下脂粉，去掉一切浮华雕饰，呈献出最本质的自然美。他们同村民们一起上街赶集。人们指指点点，争论着哪个是祝英台，哪个是秦雪梅。直到连台戏唱完了，他们还辨认不出来。于是感叹戏里戏外、是非曲直，难以界定。感叹这戏既吸引人，又欺骗人，用脸谱和化妆，遮掩了真实。只将功过是非，留待后人评说。

连台戏在我们村唱有五六年，便渐行渐远了。花开花落，年复一年。遥想当年乡戏演了又歇，剧团走了又来。不经意间，我们就慢慢地长大。而随着岁月的更替，村里浓热的乡戏演出已成为远行的风景，去而未归……

如今看戏不是去影剧院，就是在家看碟片，给人的感觉是隔靴搔痒，过不了瘾。于是村民们常会怀念起当年的琴音笑貌，生出几许怅惘来了。

乡村戏剧，是枯燥岁月里，最温暖的守望。

戏曲中原：一曲水袖的行云流水

老侯说戏

孙 兴｜文

【作者简介】
孙兴，曾用笔名"黄痴人""白汀"等，自号"晨露斋主"，河南封丘人。中国散文学会会员，河南省作协会员，河南戏曲学会会员。出版有散文集《蓦然回首》《文化感悟》，长篇小说《天光云影》，杂记《陈桥兵变史话》，豫剧伶人传记《封丘艺苑撷英》等。

　　老侯的大名真不赖，叫"侯玉枝"，取皇帝的女儿金枝玉叶之意。

　　老侯是我乡下老家的一位邻居，论街坊辈儿该喊我叔公。尽管，她的大女儿比我还大四岁，小女儿与我同龄。

　　现在，老侯已经是一位老得无法再老，脑袋朽得像出土的陶罐的老太婆了。

　　先前，老侯有一位身患痨病、腰弓得像月牙儿、走不几步路就喘得趴下来吐几口黏痰的丈夫，名字叫"宏法"，或者"洪发"。

　　"总是音吞（同）字不吞（同）。"每逢生产队会计分东西念到他的名字时，洪发总是这样解释。洪发念过几天私塾，认识点儿字，会唱几首民国时期的歌。洪发唱歌时一顿一顿的，像啃生萝卜，又像哀哀痛哭。

　　"现在不敢唱这个了。"他说着，用手比了个刀砍脖子的动作，且大喘了一口气。洪发时常为自己的这点儿文艺功底得不到施展而抱憾。

　　后来，洪发死了，死得很简单，也很草率。头天还见他用破棉衣蒙着头，坐在门口儿晒太阳，很远就能听到他大声咯痰大口喘气的声音；第二天便死了。

　　老侯若无其事地率子女们草草埋葬了他。

　　洪发家孤门独户，送葬的人不多。洪发死，老侯没掉一滴儿泪。她说："死了是福，再也甭受罪了。早死早得福！早死早得福！"老侯说到关紧处，总是重复很多次，直到让听众一字不漏地完全记下来。

　　老侯一辈子不会纺花织布，也不擅长种庄稼。但老侯有与生俱来的对戏剧的悟性。虽然她不识字，但记性特好。她能行云流水般地背诵三四十出戏词儿，而且很少有遗漏。

小时候,我对老侯说戏很不以为然,有时甚至很讨厌,和我在一起玩耍的小朋友都普遍认为她是"瞎呱嗒"。不过,忙里偷闲,乡民们吃过晚饭,无聊至极,听听老侯的"瞎呱嗒",解解闷儿,打发一下无聊的时光,也是乡民们的一乐儿。老侯姑妄说之,大家姑妄听之,从没有人去抠老侯的戏眼儿,天知道她呱嗒的在道儿不在道儿。

许多年以后,我才吃惊地发现,老侯说的戏词儿可都是在谱儿的,决不是信口开河、胡编乱造。也就是从那时起,我认为老侯是个天才,是个真正的天才,并随之对她产生了一种莫大的敬意。

那时,我在读大学中文系。一天,上戏剧理论课,教我们戏剧理论的老师据说是在全国戏剧理论界挺有名气的于安澜教授。一进讲堂,他先提问同学们知道多少中国古典戏曲,且让大家拣自己喜欢的念一段。这时,"文革"刚刚过去,同学们脑子里根本就没有中国古典戏曲的概念。如果让背段样板戏,我敢保证人人都会来一串儿,并且会有不少人能把《红灯记》从头至尾背下来。

轮到我的时候,我背了段《窦娥冤》中窦娥在被绑赴法场的路上的一段《滚绣球》:

有日月朝暮悬,有鬼神掌着生死权。天地也,只合把清浊分辨,可怎生糊涂了盗跖、颜渊?为善的,受贫穷,更命短;造恶的,享富贵,又寿延。天地呀!做得个怕硬欺软,却原来也这般顺水推船!地呀,你不分好歹何为地?天呀,你错勘贤愚枉做天。哎,只落得两眼泪涟涟。

尽管结结巴巴,缺胳膊少腿儿。于教授听完还是很吃了一惊。他很内行地指出"呀"就是"也","两眼泪涟涟"中不应

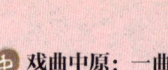

戏曲中原：一曲水袖的行云流水

加"眼"字。下课后，于教授叫我到他办公室去一趟。

于教授先是问我哪里人，我说了。于教授说那是离他故乡不远的一个地方，是有名的"戏剧之乡"。在河南乃至全国戏剧界比较有名气的阎立品、"小火鞭"、马骐都是我的同乡。

"不过你的这些唱词儿都是哪儿学来的？"

"听老侯说的，老侯天天都坐在我家门口街上说老戏儿。听的次数多了，也便记住了。"

"老侯是谁？"

"我邻居家一个老婆婆。"

"她识字吗？"

"连半个也不识。"

"不简单！不简单！"

"她都说过哪些戏？"

"多了，我听过《救风尘》《杀狗劝夫》《对罗衫》《白蛇传》《董西厢》《吕洞宾三醉岳阳楼》《抱琵琶》……"我说出了一大串戏名。

于教授连连点头。最后，于教授殷切希望我研究中国戏曲。我说行。可我学完戏剧理论这门课，就把于教授的话扔在脑后了。

在我的印象中，老侯依然是那个邋里邋遢、不事生产、只会串门儿说戏词儿的老侯。她的脸不常洗，因而满面尘垢，眼角永远挂着四团白白的眼屎。她的头不常梳，灰白的头发里夹杂着草屑儿，吃饭时，常有虱子往碗里落。

有一次，驻队干部吃派饭到她家，一看老侯披头散发的"尊容"，人家很客气地放在老侯桌上四两粮票两毛钱，一口水也没喝就走了。乐得老侯逢人就讲那姓雷的驻队干部"一准儿和雷锋是本家，一准儿和雷锋是本家"。

夏天来了，故乡的人们草草吃了饭，

年轻人手里抓把楝树叶拍打着蚊虫,老一点儿的人拿着早已稀烂得只剩几缕茎片的芭蕉叶扇子,晃到门外。当街的沙土地上,摸黑儿横躺竖卧着老老少少男男女女。老侯的戏场又开张了。懂戏的静静听,不时插上一两句;不懂戏的孩子在人群里嬉闹,招来大人的斥骂。

"死妮子!去给我端一碗井半凉水。"老侯支使自己抱养的女儿爱芹,爱芹极不情愿地去了。

"妈!吃饭吧?"老侯亲生的女儿来催她吃饭。

"对你爹说,先凉着吧,我把这段子说完。"老侯依然说她的段子。

听众很不耐烦老侯的女儿耽误事儿。但又说老侯你还是先去吃饭,我们等着,大长一夜呢,也不在乎这一时半会儿的。可老侯的敬业精神极强,她没有走。

不一会儿,洪发吃过饭晃了出来,对着黑影儿骂道:"你个龟孙老娘们儿,孩子叫几次都不去吃,叫我给你个懒娘们儿端过来哩?你个龟孙老娘们儿生生给个唱戏的耽误了!"

"我要是个唱戏的嫁给你个王八孙儿?"老侯也开骂了。众人相劝,老侯无心恋战,照样书接上回。

旧时期,老侯的娘家在省城开封开戏园子。她15岁那年,她爹变卖了戏园子,携家带口回到乡下老家。老侯18岁嫁给了我的邻居洪发。那时,洪发家还殷实,老侯过着衣来伸手、饭来张口的生活。可这样的日子没过多久就解放了。接着互助组、合作社,直到成立人民公社,老侯家的日子竟一天不如一天。家境殷实时,老侯不会生养,抱养了妹妹家的一个女儿。家破落了,老侯倒能生孩子了,五年生了仨。

因为老侯不会做家务活儿,经常挨洪发的打骂;又因为她不会干庄稼活儿,不断挨生产队长的打骂;因为老侯不会针线活儿,她的衣服、她的丈夫和孩子们的衣服,经常像狗撕拽过的一样;老侯不会做饭,她家的厨房经常是狼烟滚滚,别人以为是失火,可饭仍旧做不熟。老侯唯一有能耐的地方就是说戏。

往事如烟,乡民们手里的烟袋明明灭灭,像天上的繁星点点。

一个又一个无聊枯燥的夜晚,让老侯给打发掉了。乡民们的孩子在老侯的戏段子中睡去、醒来,醒来又睡去,慢慢地长大了。渐渐地,老侯也老了……

看 社 戏

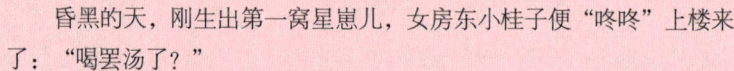

王英琦 | 文

【作者简介】

王英琦，安徽人。安徽省文学院作家，安徽省作协理事，中国作协会员。文学创作一级。著有散文集《守望灵魂》《背负自己的十字架》《热土》《我遗失了什么》等十多部，及短篇小说集《爱之厦》《遥远而切近的爱》、电影文学剧本《李清照》等。

  昏黑的天，刚生出第一窝星崽儿，女房东小桂子便"咚咚"上楼来了："喝罢汤了？"

  "喝罢了，就走么？"我一把将儿子喝剩的小半碗玉米粥夺下问。

  "走，快去岗河村看戏哩。"桂子催道。

  "哎！"我旋即抱起儿子，拿过板凳，与桂子一道，沿着白生生漫着月光的乡路，汇入四乡八村看戏的人流中……

  今晚的"草台野戏"，就搭在我居家的小刘村不远的岗河村。说是"草台野戏"，一点也不辱没了它：破的帘，简易的木料，疙瘩不平的台面……这种寒碜地挂着"穷村陋间"相儿，带着浓郁乡间俗味儿的"社戏"，在某些城里人的眼中，是"野戏"，是不登大雅之堂的末流杂艺。我自己虽说还未浅薄到对此横眉冷对、不屑一顾的地步，但一开始对豫剧，对这种土掉牙的梆子戏，也是不怀好意的。我总感觉这种土梆子戏的精神实质便是一吼三叫，嘴里像含了包炸药，一出腔，便可震得风云星辰变色，三山五岳乱哆嗦。及至后来到了河南，尤其是搬到农村后，由于日复一日地听，高音喇叭日出夜伏地熏炙，竟也就听顺了，入门了，觉得出它的好，它的土、俗之韵味了。

  我们赶到时，已是锣鼓喧天，观者如墙，开戏有一会儿了。只见戏台旁有着许多摆零食摊儿的，瓜果小糖、烤红薯、炒凉粉，各色纷呈。钱虽要得不轻贱，却不乏人买。我也要了一只烤红薯给儿子，那热腾腾香喷喷的薯气，很给人一种"暖幼温贫"之感。

  盼着这个好日子——盼着"社戏"，已很有些时辰了。刚来的那会儿，就听说此地的每年阴历九月十五是赶庙会的日子，届时商贾密集，

百戏相随,热闹得不得了。

然而此刻我却无奈得昏了神。近台早已没了空,我抱着儿子正急得上钻下拱,旁边一位大嫂发了慈悲,挪了挪地方,让我进去。桂子心眼一活,也就势跟了过来。

我问大嫂,今晚唱的啥戏?答曰:《大刀王怀女》。真是个好蹊跷的戏名!我在心里好一番思量,却仍是估不透它究竟是"大刀"——王怀女呢,还是"大刀王"——怀女。

我承认,我并不能听懂所有的戏文,我也不是生、旦、净、丑都耐烦看。戏剧中,我的偏好在青衣花旦。我喜爱青衣的凤头绣鞋,绿裙衩里露出的红里子;我喜爱花旦的兰花指、甩水袖、水上飘样的小碎步,以及不温不火、缠绵悱恻的唱腔。

儿子却喜欢看戏里的行头及翻跟头。只要那个抹着刮锅灰样脸的武丑一出来,他的小眼珠儿便恨不能飞出来,随着那武丑的一翻一腾一踢踏,他小人家也跟着乱动弹、瞎使劲。然而那武丑的翻跟头,却每令我心悸,台面恁小且又恁不平,他要稍有闪失,一个跟头岂不砸了大家?好在我此虑纯属杞人忧天。那武丑无论怎生地翻,哪怕就是来个"燕展翅""顺风旗"的绝活儿,却也是能贴台边儿稳稳地刹住,险伶伶地看似要掉,就是掉不下来。

我最怕的是老生老旦出场。他们老人家只要一上台,仿佛就生了根,不磨蹭不泡上几根烟时间,算是下不了台。我心烦地盯着台上的一位老生,看得快打熬不住时,霍地一阵咚咚哐哐聒动天地的锣鼓弦钹骤响,随之一个手持大刀、背肩上插满了彩旗的武旦,破帘一掀,碎步疾疾老到地走了一个大全台,继之一个漂亮的大亮相——我暗忖,今晚的重头戏,主角"大刀王怀女",非她莫属了。但见她翻过青龙战袍,耍过一阵大刀后,竟直逼老生大骂而去。老生被骂得连连败退,无以招架,终于逃向后台去。我感到大欣慰,却同时生了点小遗憾,那武旦

127

戏曲中原：一曲水袖的行云流水

刚才指鼻大骂老生时，兰花指过于粗大了，实在少点美感。这一偶然发现，使得我在后来，老爱盯着旦角的手看，并无法不承认一个可悲的事实：几乎所有旦角的手，莫不都粗大得有如半个蒲扇，尤其是云起手来，真能遮住半个天。

台下的观众却不理会什么兰花指。他们全部的审美情趣审美热忱都集中在戏情上热闹上，集中在花花绿绿的行头和唱文工武上。尤其是那个身怀绝技的武丑，收场大吉时一气翻了38个跟头，简直惹狂了台下的每一个人，笑破了清寂初寒的深秋之夜……

次日，锣鼓家伙响起得更早。太阳还悬在西天沉着地燃烧，便已有前村后队的人，不绝地去赶戏了。

今晚演出的戏码叫《老包坐监》。关于包公的戏，民间早已演得烂熟。最著名的当首推《铡美案》了。我小时看过这个戏的京剧，却丝毫不记得还有个什么《老包坐监》。我生疑这戏绝不是包公戏的正宗嫡传，早出"五服"了。看来这又是当地人的别出心裁，生造出来的老包新传。如此编下去，包老爷不仅可以坐监，且能逃狱，乃至东山再起，挂帅讨征哩……

姑不论戏码怎生地瞎编乱造，台上的老包却唱得十二分地卖力，血气沸腾，声贯丹田，包括那一招一式都功候极深，成熟到家。惜乎的是那些配角，不是唱得跟不上锣鼓眼儿，便是手脚动作不配套。好在这些小小的瑕疵，并不能打退台下看客的热情。豫剧毕竟姓豫。

作为中国"四大梆子"之一的豫剧，是拥有剧团最多的全国第一大剧种。它的腿最长，生命力最强。它不像京剧那么多的老框老套，也不像昆曲那样的高深古雅，它的全部特征个性，就在于它的不搭架子，不囿陈法，土极且又俗极上。由于河南地处中原，五方杂居，便在客观上形成了豫剧兼收并蓄的优点。不分调名，亦无板眼，乃"郑声之最"。有人统计，单就《朝阳沟》一出戏，便有越调、曲剧、道情和河南坠子等数种。

无怪乎当地有俗谚："一清二黄三越调，梆子戏是胡乱套。"可别小觑轻贱了这胡乱套，它不仅是豫剧的一大特点，还是迎合自己的"衣食父母"——掏农民腰包的重要因素之一。在目前戏剧日渐式微的情形下，似乎还独有这个胡乱套的豫剧，未见衰败蔫垮，不靠官办俸禄，活得有滋有味。

对我而言，与其说是对豫剧感兴趣，毋宁说是对当地的人文环境——对看戏和做戏的人更感兴趣。生长在城市，过去只在文学作品中看到过社戏，领略过那般"斜阳古柳赵家庄，负鼓盲翁正作场"的浑厚古朴的乡土气息。而今，我就寄生在这"荒村鄙邑"，夹杂在这拨散发着泥土味葱蒜味的乡下人中，这个中的滋味，确实是越哑摸越有滋味……

看至三分之一时，我忽地来了心血，抱着儿子转到了后台。说是后台，也就是一布之隔的露天空地，拥着些许看稀罕的观众。其时只见伶人们有的在练拳脚，有的在念台词，旁边一把把眉毛扯得细弯弯的猫儿脸姑娘，正对镜将一支翠玉簪子，斜斜插在油光水滑的发髻上。我来了兴致，凑上去想看个仔细。这一细看不打紧，那脖上、耳根后，粗糙的皮肤、积年的老垢，全看个一清二白，说她两个月没洗澡，未必十分错。再细看那粉墨上妆的家伙，连伪造的都不如。尤其是那胭脂，很像是廉价的广告颜色。见那猫儿脸姑娘毫无忌惮地直往脸上抹，我终于憋不住搭腔了："这东西对皮肤有害呵！"

猫儿脸姑娘一怔，望望我道："没事儿，俺们用的就是这，惯了。"

话既搭上，我有意多问了几句。得知这是一个自发性的农村业余梆子剧团，哪儿有庙会往哪儿赶，东食西宿，四乡为家，有时连唱一个月也下不来。

正聊着，突然边上一个花脸猛地打了个喷嚏，溅到猫儿脸姑娘的颊上，姑娘愀然作色，朝那花脸打了一下。

"妈，他怎么也会打喷嚏？他是真人还是假人？"儿子忽地来了精神，指着花脸问我。

戏曲中原：一曲水袖的行云流水

未待我作答，花脸上前笑着摸摸儿子的头道："你猜呢？我是真人还是假人？"

逗笑间，我才注意到后台的另一端，支了个硕大无比的锅，锅边放着一案面条和青菜。我估摸这是给伶人们用的夜餐，却又觉得太寒酸了些。这些不经饿的面条青菜能挡什么事？能支补他们一晚上大功率的体力消耗吗？

看出我的疑虑，花脸道："俺们这是包场，只给钱不管饭，一场下来才300元，不敢大吃大喝呀。"

这话说得我心里酸酸的。这些伶人们在台上演尽王侯风流事，替人儿女说相思，殊料，背后却包藏着生途的坎坷，世事的艰酸。混口饭吃——难哟！

"妈，你看，那儿有个小孩！"儿子蓦地打断我的沉思。顺他的小手指望去，果见那边石头上坐着一青衣少妇，正在奶孩子。走上前去一照眼，竟是昨晚那个武旦——那个演"大刀王怀女"的女主角。

"今晚你还不上场？"我坐到她边上，老相识样地问道。

她看我一眼："今晚我的戏少，后半场才上。"

"这孩子多大了？怎么出来演戏还带着？"

"6个月了。不带咋办，扔在家里没人带。"

"你又演戏，又拖着个奶孩子，太辛苦了。"

"没办法，就是这吃四方饭的命呗。"

她告诉我，她5岁便进了戏班，现在戏龄已20年了。她在这个戏班是二号台柱子，平时挣的钱，除了补贴家中二老，还要养儿子。她的丈夫与其他女人有染，基本上对她娘儿俩不管不问。

这时节,那孩子兀然地又吐又拉,弄得那女戏子一身满怀。"俺这孩儿这几天受凉了,老吐老拉……"她边说边打扫身上。我帮她抱孩子当儿,留神到这孩子又黄又瘦,蔫蔫的一副没神样儿。

"快,准备上场了!"这时,昨晚那个演包公的男演员急急走来招呼女戏子了。他从我怀里接过孩子,又帮那女戏子理了理裙衩,一同往台上走去。

第三天晚上,猎猎地起了五六级北风。我揣了药,带了包儿子小时的裤褂,又匆匆赶到戏场,但见风雨无阻戏场又是黑压压地坐满了人。一村演戏,众村皆至,我似乎很能理解这些乡下人戏瘾之大。"百日之劳,一日之乐",对于土生土长的他们,土梆子戏不仅是劳作之余的娱乐,更是一种文化给养、精神升华的表征。望着他们那大仰脖、圆瞪眼,全副投入的样子,我很生发了一些感慨……我似乎突然明白了这"高粱棵子里的玩意儿"何以会有永恒的生命力。我似乎终于懂得了,从人生、从底层民众的角度去搞艺术,是最原始的,却也是最本质最不朽的这一伟大真理了。

我找到了那位女戏子,把药和衣服都给了她。她正要答谢,我忙止住了她。我怕听那些话。那些话于我不是酬慰,反是凝重和不能承受之伤感……我又看见了那位演包公的男演员。他今晚一袭便装,好不英俊倜傥的样子。他仍抱着那女戏子的孩子,间或深情地望望女戏子,复又感激地瞅瞅我……

岗河村的社戏,唱足了半个月,我亦赶满了15场。虽然,我不是每场全都看完并记下,但我肯定看到并记住了一些什么……眼下,已是寒凝雪飘的深冬了,我的心仍是满满的、怅怅的,都是戏。朝起夕宿,举目窗外清冷冷萧瑟的菜地,捧着滚烫的玉米红薯粥,我每每总会挂心起那个"飘乡戏班子",那个女戏子和她的孩儿。也不知道,于今,他们又飘零到哪乡哪村去了,那娘儿俩,可太平大吉?……

戏曲中原：一曲水袖的行云流水

唱 大 戏

黄书展 | 文

【作者简介】
　　黄书展，河南兰考人。新媒体编辑。

　　那时候，在我们乡下，时常会有大戏上演。那时候的戏曲演员真的就是普通的老百姓一个，从老百姓中来，到老百姓中去，很真诚地唱戏给老百姓听。不像现在，戏曲演员一边埋怨着听戏的少了，戏途难混，一边高高在上只躲在大城市富贵地方，顶多给一些有钱打赏的老板唱个茶社、戏楼。下到乡下去，一张嘴一口风沙地唱戏给最普通的老百姓听，在如今是最难得一见的了，就算有，也被打了"慰问"的旗号，那派头那意味，好像某县几大领导班子每逢春节来临时都会上演的那出"慰问"孤寡老人的固定曲目似的，是送温暖，像施舍。

　　那时候，但凡到了农闲季节，大多数时候是冬天，临近过年的当口儿，只要留心打听，总能打听到哪里又搭戏台、唱大戏了。或远或近。

　　远，也远不过二十来里地。这点距离在爱听戏的人眼里，只是多走几步路的事儿。爱听戏的，多是上了年纪的，他们索性就带了自家孙子孙女，直接就近住在了嫁在附近村镇上的闺女女婿家里。戏台还没搭好，就被孝顺的闺女接了去。大戏唱多久就住多久，住十天半天都是常有的事儿。亲家也是爱听戏的，搭了伴儿，带着各自的孙男娣女，整天价儿地出没在戏台子下面。

　　近，就在两三里外的集上。集，有大有小，无论多小，都会有戏唱。太小的集上搭了戏台，唱起了大戏，人们便说，这是"起会"。意思也就是说，这里原本就是个普通的乡村，只是村庄大了些，周围村子多了些，为方便这些个村子里的人们售货、购物，就在这个大庄子的中心大街上"起了会"——搭起戏台、唱起大戏，吸引十里八村的人们前来。戏台上，高腔大调地唱；戏台下，拥挤着看戏的人群；人群之外，便是各样的摊点。除了看戏，饿了渴了，免不掉要去摊点前转转看看，顺带着购一些家里头急用的东西……渐渐地，这集会便形成了。无论逢农历的单日子还是双日子，朴实的乡人们只要养成了这个习惯，但凡日子到了，就会到这集上转转逛逛，凑凑热闹也好。

就两三里的距离，隔了一片麦田，或是隔了一道岭、一片林，官道都无须走，抄了羊肠小道，步行就过去了。实在太近，所以，每每有大戏的时节，只要"打头场"的锣鼓声一响，我们在自己的村子里就能够听到。锣鼓齐鸣，吹打得热闹，吹得我们这些小孩子送在唇边滚烫的糊涂汤面再也无法下咽，坐立不安地就想冲出去。大人们便嗔怪，不急不急，打头场又不是真的就开唱了，不急不急。

打头场的锣鼓声催得人心焦，催得赶往戏场的脚步都匆匆。俺娘连刷锅的心事也没了，站在院门口不时地张望，嘟囔着，这天不亮就去接去了，怎么这会儿了还不见人儿？

我听了，急得差不多要哭出来了。俺爹是接俺姥去了，拉了个平板车，天不亮就走了。几天前让人给俺姥捎信儿，说我们这里有大戏，问她啥时候来看，她捎话说家里猪呀羊呀需要人照料，戏啥时候开唱啥时候再来吧。这下可好，都"嘚哐嘚哐"地打头场了，人还没到！

正着急，远远见一个同村的骑着洋车子就过来了，告诉俺娘，不用等了，直接去戏场子吧。原来，俺爹拉了平板车接上俺姥，家也不回了，直接从村西头的小公路，斜岔子就往集上去了。一听这样，我和俺娘二话不说，立即锁门，开步抄小道向戏场子奔去。

小道在岭上，地势高，路窄，从这里走

戏曲中原：一曲水袖的行云流水

的，大都是青壮年以及孩子。孩子们大都跑得飞快，跑出去老远了，回过头不耐烦地催自己的爹娘老子快点儿再快点儿，在后边在那里闲扯啥呢。小青年们倒不急，三五成群地边走边逗笑打闹，反正他们像小孩子一样去戏场也不是为了看戏：孩子们去戏场，是图个热闹，更是为了打牙祭；小青年们去戏场，多是为了聚聚会，和某个心仪的异性见见面，多一些沟通与交流。从岭上往不远处的官道上看，往戏场赶的人可真不少。

紧赶慢赶，刚至村口，还未到集市中心，就听到打头场的锣鼓声骤然全息，紧随其后的，是轻缓的二胡声，紧接着便是一声穿透云翳的男腔或女腔，高亮、悠长、翻过前面熙熙攘攘人群的头顶，越过村子里高低错落的屋顶，不期而至。大戏正式开场。

戏台子搭在一片空地上，这空地原本是赶集的人们在此做牲口买卖的地方。戏台子搭在最外缘处，临着河沿。台下观众密密麻麻，人群从戏台子跟前一直向后延伸到集市所在的中心大街上。中心大街像双翼，向两边延展，路边全是各样摊点，小吃摊点居多。

我被俺娘牵着，来不及瞅清小吃摊点上那油黄的水煎包、香气扑鼻的烧饼、滋滋作响的炒凉粉……我和俺娘像两条鱼在人群里穿行，四处寻找俺爹以及俺姥。拉平板车的可真不少。戏台上的戏正唱得响亮，就是喊破了喉咙俺爹也听不见我和俺娘的声音啊。挤挤挨挨，终于遇到一个同村的，也拉了平板车。俺娘让我站到他家的平板车上，踮着脚张望。黑压压的人头啊，俺爹明明就在这中间……

终于找到了。几乎在平板车观众区的最前边了。在俺家停放平板车的前面，就是自己提了板凳坐着看戏的观众了。两边厢，便是站着的观众。在平板车观众区的后边，还有站在平板车或自行车架上的观众。俺爹用两条长凳把平板车的两头支起，平板车便平平稳稳的了。俺姥坐在上面，屁股底下还铺了褥子呢。

戏台上，正咿咿呀呀地唱，并不算万分精彩的唱腔，台下的人却听得依然是如痴如醉。乡下的戏多是简陋的。本就不是什么大的剧团，大多数时候，也只是县剧团会来。很羡慕那时的戏迷，好像每个县都有自己的戏班子，或曲剧团，或越调剧团，或直接就是豫剧团。听上了年纪的人说，这算什么啊，再往前些年，几乎每个乡（那时候，应该叫"公社"）甚至每个大队都有自己的"剧团"的。农忙的时候，在田野里热火朝天地劳作；农闲的时候，锣鼓敲起来，行头穿起来。搭不起华丽的戏台？没关系。找个庄子大的村落，在村头的打麦场甚至大的饭场上，只要有人围拢来，只要有观众，所有的地方都能是戏台。即便是县剧团，舞台布置也多是豪华不足简陋有余的。两盏汽灯在戏台前头挂着，几缕差不多都要看不出颜色来的帷幕在风中飘着。但即便如此乏善可陈的舞台，晚上

汽灯一照，借着墨蓝色的缀满了星子的夜幕当背景，那白天看上去极不咋样的舞台突然就有种流光溢彩的感觉出来，再加上台下男观众抽烟时吞云吐雾出的烟气、观众外围那些小吃摊点上缭绕而起的热气、冬季里拥挤的观众们吐出的哈气，借了汽灯的光，缭绕在戏台前，使得那戏台竟有几分仙境的意味了。

因这戏班子差不多接近了草台班子，所以，那些演员也定然算不上是什么大腕。但就像某个经常在这十里八村出没的说书人

戏曲中原：一曲水袖的行云流水

一般，一些个戏曲演员的大名在乡下人的心目中，那也是响当当的。"今天有谁谁谁的戏，听着肯定可得劲儿，一定要去看一定要去看！"这是乡人之间的口碑相传，免费的广告。

童年时光里，随了大人十里八村、走南闯北地追着去看戏，更多的是为了那一份热闹，为了窥探戏剧舞台上那转上两圈儿就已走过千山万水、从台前到幕后走一遭就已走过小半生的神奇。为此，孩子们最喜欢的事情，就是跑到戏台子的后台去，从帷幕的缝隙里伸出小脑袋，朝里窥望。演员们有的在化妆，有的在聊天，有的……刚才在台上还哭得梨花带雨、一身素衣打扮的女演员，此刻竟然在和那个抹了白鼻窝的"仇敌"有说有笑！

看到有孩子们围观，演员们并不恼，甚至还有闲极了的，招手唤你过去，同你闲聊上几句。有一次，是父亲带我去的后台。三言两语间，一个演员竟然答应给我画一张脸谱。我兴奋万分，如坐针毡地终于等他画下最后一笔，没顾得上照镜子，就兔子一般蹿出了后台，向我的那些小伙伴炫耀去了。炫耀、得意了半天，回到家，取过镜子一照：哎呀，我的妈呀！四五岁的我当场被吓得尖叫起来。原来，那演员竟给我画了一张老包脸——乌黑乌黑的，额头上有个白月牙儿的那张脸。

及至长大，真的喜欢上听戏之后，在我们豫东乡下却是几乎再难得一见搭戏台、唱大戏的了。电视、电影，以及现在的网络多媒体，使得老百姓的娱乐方式数不胜数，年轻人喜欢听戏的越来越少了，是乡下大戏日薄西山的原因；但是，如今的剧团以及演员离真正的民间、离现在的年轻人越来越远，更是其自身不可忽视的原因。

戏———迷———乐———园

听 戏

乔 木 | 文

出身于戏曲大省河南的我，对听戏是有着不同于许多朋友的感情的，只是从小到大对听戏的心态与喜好，却有着好几次非常大的变化。这每一次的变化，都从一个方面反映着我个人以及家乡的成长与转变。如今，本人已经离开家乡多年，家乡也发生了许多变化，回过头来回味一番，又产生了不少令人或欣喜、或悲伤的感慨。不仅有思念家乡的乡愁，更融合了人生如戏的感慨。

在我也就四五岁的时候，乔楼村的戏曲氛围是非常浓厚的。几乎是每年的春天，村里都会请一个戏团，来到村子里唱戏，戏台就搭在我一个远房的伯父家。因为，伯父家的院子宽敞且有围墙，里面有几株很大的石榴树，能给听戏的人提供一些阴凉；最为重要的是伯父一家全都在镇子上做医生，这个无人居住的、既宽敞又气派的深宅大院，就成了现成的戏园子了。

几个叔叔为戏团做义工，帮助他们打扫卫生、维持治安并收取门票；他们得到的唯一好处，就是可以免费在戏园子里听戏。当时，尽管门票每人仅仅一块钱，对于我们小孩子来说，往往还都是看不起的。即使是大人，也不是每一场都去看，因为当时一毛钱六个糖，一块钱差不多可以买一大包糖，一包中等的"黄金叶"烟，也不过三毛钱左右，一块钱还是一笔不小的数额。

而我们都还很小，叔叔们也都很祥和，看到几个小毛孩儿，夹在大人的屁股后面，一个个地往里蹭，他们往往都装作看不见。就这样，

【作者简介】
乔木，原名乔进礼，河南商丘人。现为报社记者。

我们几个小伙伴儿,就像小蝌蚪一样,一个一个地都溜了进去。但是,如果是进去的人不多,而我们又不是夹在大人堆儿里,叔叔们则会绷起脸来不让我们进去。因为,戏团还是会派一些人监督的,让人看到公开作弊,总是一个不好的。

当时,对听戏其实我是不感兴趣的。因为即使不进去,从自己的家里也能听到大喇叭里的唱戏声。只是,伯父家的高墙隔着的戏台,对我来说产生了一种极其强烈的神秘感,好像院子里面的人不是在听戏,而是聚在一起吃肉一样,单单把我抛在了外面。因此,我时常徘徊在高墙底下,有几次想要踩几块砖头跳过去,试了几次终未能如愿。后来,终于跟在大人的屁股后面,混了进去。

进去之后,见院子的西侧搭了一个戏台,戏台前是几排长凳子,长凳子外围是站着的人群,人群外面又是稀稀拉拉的长凳子,这些长凳子上又站满了人。我才发现进到院子里,跟站在高墙外是没有什么区别的,唯一有区别的是,隔着我的视线的,一个是冷冰冰的砖墙,一个是热腾腾的人墙。

我着急地挪着小碎步,在大人的腿缝里,充满汗臭的屁股缝里,一点一点地往前钻,终于钻过了站着的人墙,来到了内侧的长凳子旁边,从无数人头的缝隙里,向戏台上看去。只见,一些人穿着花花绿绿的衣裳,涂着大花脸的妆,在那里咿咿呀呀地唱着戏。我仔细听了半天,连一个字也没有听清,倒是觉得有几个将鼻子涂了白粉的小丑,在那里蹲着蹦蹦跳跳的很好玩。

将近中午的时候,暮春的太阳渐渐地显出了威力,我挤在人群中热汗直流,汗水沁湿了后背的衣衫,肚子里也一阵咕咕叫,这才又挤出人群,感受那阵阵的凉爽。我回头望了望踮着脚拉长了脖子的人群,那一个个黑头发、白头发、黄头发的头颅,就像被掐住了脖子的呆鹅,直愣愣地看着戏台。有时

候,还会轰地响起一片叫好声。我实在搞不明白,这种戏有什么好看的。

过了两天,邻村的姥爷也过来看戏了。若非姥爷过来,母亲是无论如何也不肯去看戏的,因为这一块钱对她来说更为重要。毕竟,在院子外面就能听到唱戏的声音。对我来说,这一块钱的门票,如何能抵得过院子外面,那香喷喷的好面鱼呢?母亲领着姥爷进去看戏之前,对我们兄弟三个说,你要是去看戏,就没有好面鱼吃,要是吃好面鱼,就不能买票去听戏。比我大五岁的哥哥,选择了去看戏,弟弟还不到3岁,由母亲直接抱进了戏园子,我选择了吃好面鱼。

由于上次我已经混进去听过一次戏了,这次没有进去我并不觉得遗憾。戏院外面,有许多卖东西的,玩的有各种风筝、气球、玩具枪、陀螺等,不胜枚举;吃的有粽子、油条、包子、凉皮、面条、胡辣汤、好面鱼等;看的则是最能引起我好奇的万花筒。万花筒看一次一毛钱,由于我没有钱,最终没有在年幼的时候一饱眼福,直到大学毕业,去旅游的时候,才跟着小孩子看了一次。

对我的吸引力能够胜过万花筒的,只有令人馋涎欲滴的香喷喷的好面鱼了,这是一种用面粉包裹了再用油炸的小鱼,不知师傅用了什么调料,那气味一直勾引着我的馋虫。焦心等待的时间,是非常漫长的。好不容易等到了中午时分,母亲终于怀抱着弟弟,领着姥爷从戏园子里出来了。父亲从那里买了五碗好面鱼,我惊奇地发现,哥哥去看了戏,竟然还有好面鱼吃,心里面还产生了些许不平衡。

好在好面鱼的香味堵住了我的嘴,我拿起一个馒头就着好面鱼狼吞虎咽地吃了起来。我发现,好面鱼吃起来比闻起来更好,入嘴时先是一阵鱼的香气,面粉略微有点儿脆,鱼因为炸了的缘故,刺也都酥了,所以不用吐刺。我风卷残云一般,将好面鱼一扫而空,又将馒头泡在汤里吃净,这才心满意足地躺到凉席上,摸着肚皮想要打个盹儿。

过了一会儿,父亲、母亲、姥爷与哥哥都吃完了,一家人开始聊起今天的戏。首先,听母亲说:"今天的这出《卷席筒》,爹,你听着咋样啊?"姥爷的耳朵很聋,是以母亲说得很大声。姥爷慢腾腾地说:"不孬,就是有几段没听清。"母亲又说道:"哎,整天听戏听戏,我今天去听听,也没觉得有啥好听的!"父亲在旁边调笑道:"人家唱戏的好看啊,你看那脸多白!"

母亲小时候,因为一场火灾,脸被烧出了许多褶皱,眼角都挤在了一起。但是,毕竟过了几十年,母亲又有了三个儿子,自卑的心理多少有了些好转,她如今听父亲这么一说,先是一愣,然后又反驳道:"那些唱戏的之所以看着白,都是因为妆化的了,我看他们的手也不是很白啊,跟没洗干净似的!"说着,又伸出了自己的手看了看,这是一双修长而匀称的手,当时还没有被长期的劳作毁掉。

我清楚地记得,在我小的时候,曾有人跟母亲开玩笑说:"现在科学发达了,很多人都将自己的皮给换了,可以将身上的皮,换到脸上去。从你这三个孩子的样儿来看,你本来应该长得很好看的,以后你可以去做个手术,应该花不了多少钱的!"当时,母亲低下了头,略微沉思了一会儿,最终没有说话。后来,我每每回忆起这个场景,总是觉得母亲的心里是有期待的。

只可惜母亲最终没有活到这一天,在我15岁的时候,她永远地离开了我们,而母亲真实的容貌,也最终成了一个谜。有一次,舅舅对我说:"你们兄弟三个,就数你最像你母亲。"正是因为这个原因,有一段时间我都幻想着,

以后如果我结婚了,最好能有一个女儿。而这个女儿最好能像我,进而要像我的母亲,那样我就可以知道我母亲真正的样子了。现在想来,这种想法实在是太孩子气了。

我读小学以后,我们村子就再也没有请过剧团,总之是大家都在努力地过好自己的日子,都不愿意凑钱听戏了。最重要的是,电视开始在村子里流行开来,大家都觉得电视里的戏唱得又好又不花钱,何必再麻烦请剧团呢?每当邻村有请剧团唱戏的,我都会吃不到葡萄似的想起我们村请戏剧团的情景。这时,河南电视台的《梨园春》节目,开始成为了爱听戏的人的必看节目,一度收视率飙到全国第一。爷爷奶奶是最爱听戏的,当时我也跟着蹭了不少戏。

读大学以前,大抵听的还都是豫剧,

基本上将《穆桂英》《朝阳沟》《抬花轿》《小二黑结婚》等豫剧中的许多经典曲目，全都听了无数遍，自己也会哼哼一些曲调。后来，又听了许多曲剧、越调、河南坠子、河南梆子、河洛大鼓等剧种，对河南本地的戏曲，有了一个大概的印象。一向喜欢历史的我，对越调大师申凤梅演的诸葛亮最为钟爱，无论是《初出茅庐》《华容道》《舌战群儒》，还是《七擒孟获》《收姜维》等，基本上如数家珍。

河南之外的剧种，第一次接触且留下深刻印象的，乃是高一时第一次在电视上，听韩再芬唱的黄梅戏《女驸马》。母亲去世后，我便跟着爷爷奶奶一起生活，当时我和爷爷一直听到午夜，才意犹未尽地听完。我们两个尽管都被这种好听的戏曲深深地吸引着，却都不知道这种戏曲究竟是什么戏。我问爷爷，他也只是没头没脑地瞎猜。之后，由于高中生活的忙碌，我一个月才会回一次家，便没有了听戏的机会。

直到大四那一年，我买了台电脑，才又重新回味了一下之前听过的戏。然后，又将黄梅戏、越剧、昆曲等的经典曲目都听了个遍，搞文字创作以来，又阅读了传统的经典戏曲《西厢记》《牡丹亭》《桃花扇》《长生殿》等，算是对中国戏曲有了个大概的了解。然而，听了这么多戏，却仍然不大喜欢国粹京剧，从这一点上看，我仍然不算一个懂戏的人，仍然是一个门外汉。

毕业工作以来，更是绝少有机会像小的时候那样听剧团唱的戏，只是零零散散地在电视的戏曲频道里听一些。但是，每一次听电视上的戏的时候，都能想起与母亲和爷爷奶奶一起听戏的情景。如今，母亲已经去世多年，爷爷奶奶也已届八十高龄，而我却身在异乡，想与他们一起听一场戏也不容易。细细想来，真是令人痛心疾首，痛定思痛之后，在夜深人静之时，写下了这篇文章。

老家的戏园子

佘殿福 | 文

我的老家在豫北乡下,是乡政府所在地,戏园子是乡里召开大型会议的场所。戏园子建造于上世纪五六十年代,有十来米高。上世纪七八十年代,村子里基本上都是三四米高的房子,这么高的戏园子在村子里俨然是鹤立鸡群。按城里的叫法,戏园子称作"礼堂"更合适。可能是因为经常有戏剧团在此演出,乡里人更喜欢叫它"戏园子"。

戏园子舞台很宽敞,有足够的纵深,便于剧团演出时设置层层的帷幕。观众席区域较大,长和宽都约有四十米,十几根直径约三十厘米的木质立柱支撑着长长的横梁,横梁离地面有十来米高。凳子是水泥制的长条凳,整个戏园子可以坐两三千人。

上世纪70年代末80年代初,村子里基本没有电视,业余文化活动也不多,看大戏就成了人们主要的业余文化生活。戏园子里经常演出的剧种有豫剧、河南坠子、河南越调、河北梆子等,种类挺多。剧团有出名的,也有不出名的。出名的剧团尤其是县豫剧团演出时,看戏的人非常多,门票能卖光,偌大个戏园子常挤得满满的。

每当有演出,尤其是有名的剧团来时,周围村庄的人都会不辞辛苦,步行数里甚至十余里路来看戏。越是人多,小孩越是凑热闹。小孩不需要买票,混杂在大人中间,检票员视而不见。因为家离戏园近,我看了不少免费戏。那时年纪小不懂戏,大部分都没记住,只有一部戏印象蛮深,名字叫《状元与乞丐》。内容大概是兄弟俩同时生了儿子,以算命谋生的舅舅判定一个会成为状元,另一个会成为乞丐,结果却完全相反。

不清楚从何时起,来演出的剧团越来越少。没戏演时,电影放映队会时常放电影。新电影片子初到村里时,电影队常售票放映。当时村里

【作者简介】

佘殿福,河南新乡人。

戏迷乐园

只有少数人家有小尺寸的黑白电视。每个新片放映都会有不少的观众，戏园子会重现演戏时的热闹景象。《少林寺》《红高粱》一类的大片会连放几天，票价也不便宜，一些人为了逃票会从与戏园子紧靠着的人家翻墙进去。

没有剧团进驻时，戏园大门敞开，小孩就进去玩。玩法有三：一是滑柱子。十几岁的小孩不晓得害怕，沿楼梯爬到二楼，越过平台护栏，抱着光滑的木柱子哧溜一下滑到一楼，乐此不疲。二是比赛跳凳子。就是从这条长凳上向另一条长凳上跳，从第一排开始一直跳到最后一排，看谁跳得快。水泥做的凳子，有棱角，高约五十厘米，间隔约七十厘米，撞上去会受伤，这种玩法若被大人发现了会遭骂，可小孩子们天生喜欢冒险，被骂过了照样玩儿。三是躲猫猫。几个人藏起来，一个人找，抓到了重新来。戏园子里地方大，可藏地方多，有的躲在柱子后面，有的藏到楼上，胆子大的敢钻进舞台下面。就这样，一帮小孩在戏园子里追来追去，常玩得忘了回家吃饭。

玩过后也做些正事，就是捡烟头。每次大会、演出、电影散场后，条凳间会留下不少的烟头，小孩们会顺着凳子一排一排去捡。当然，捡烟头不是为了环保，那时还没有环保概念，主要是为了卖钱。把烟头撕开，取出里面的烟丝，攒到一定的量后可拿到集市上卖些小钱，小孩们就用这些小钱买作业本和图画书。

前年回老家时发现，戏园子已经不在了，几个生意人合伙在原来的位置上砌了座三层楼房，下面做买卖，上面住人。

戏曲中原：一曲水袖的行云流水

游园·戏班·乡音

罗亚飞 | 文

"府门外三声炮花轿起动，周凤莲坐轿内喜气盈盈。众执事鸣锣开道排列齐整，那个鼓乐吹，嘀嘀嘀嘀嘀……嗒嗒嗒嗒嗒……嘀嘀嘀嘀嗒嗒悦耳动听……"

新兴路许扶运河河畔的沧海亭，是个走过路过难以错过的人气场。清晨，铿锵的唱段和伴奏声不经意飘入耳朵，会惹得我这个不常听戏的人都驻足聆听，对豫剧爱好者的吸引力定然更大。也难怪，有的老年戏友从西关恒达利、西南双龙湖搭公交车过来赶场，只为听上一段唱腔地道的《抬花轿》。

沧海亭的戏迷年龄大都在五十开外，许多是六七十岁的老同志。大伙儿经常围坐在一起听戏、侃

【作者简介】
罗亚飞，河南许昌人。报社编辑、记者。

戏、找乐子，继而争相唱上两段，自然而然地就捣鼓出了这样一个业余戏班。

说这个戏班业余，是因为不论是幕后还是台前，多是豫剧爱好者而非专业人士。不少人重操旧业，甚至现学现用——琴师张志业，63岁，退休后又拾起了年轻时的业余爱好板胡；琴师孙午辰，67岁，每天早晨5点多骑三轮车会同张志业，拉上满满一车乐器摸黑而来；热心戏迷张宏伟，看到他们清唱吃力，花费数千元为戏班购买了一套电子音响……

当然，戏班的建成离不开专业豫剧演员的鼎力加盟，这其中就包括已退休多年的豫剧名伶郜玉玲。郜玉玲师从豫剧老生许树云，9岁学戏，造诣颇深。她去年10月来到沧海亭，虽是新人，却很快成了亭子里不折不扣的"台柱子"。

到底是科班出身，欣赏郜玉玲的表演，能体味到一种与众不同的姿态与精神。郜玉玲演唱《抬花轿》，时而噼里啪啦一阵疾风骤雨，时而舒缓低吟轻诉哀怨惆怅，形神俱佳，造诣颇深。

一传十、十传百，听戏的从四面八方慕名而来，里三层外三层围坐着、聆听着。学戏的年轻人紧盯她的一招一式，像模像样地跟着唱、上台唱，得到了她的悉心指导。

"听郜玉玲的戏，一辈子不生气。"许多老同志这样赞誉郜玉玲极具专业水准的演出。我想，这是群众对艺术家发自内心的褒奖。

在河畔凉亭，在每天的吹拉弹唱与语言交流中，传统的豫剧逐步实现着一般意义上的传帮带和新老交替。

如今的老一代戏迷大都经历过那个文化匮乏、急需给养的年代。当年听戏没有音响、没有座位，瓜田李下、席地而坐，仅靠几根木桩、一层木板一层毯、宽大的帆布帷幕来撑门面。现在的戏迷关于豫剧的记忆，大都是从传统戏台开始的。年轻时盼着过年过节，更多的是为了到村头空地听远道而来的戏班子酣畅淋漓地"唱三天大戏"。

唱大戏的年代很快成了历史，乡村老戏班迅速走向没落。近几年公开的演艺场所也几乎在市区绝迹，取而代之的是稍显业余

的游园、广场。每个游园、广场辐射一个区间,附近唱戏的、听戏的人们聚集于此,吹拉弹唱,自娱自乐。

舞台和艺术始终是吸引人的。更加开放和亲民的舞台,吸引着一批又一批像郜玉玲一样的退休表演艺术家,升华着他们的"粉墨生涯"。

随着传播技术手段的革新和文化的日益多元化,传统文化式微,快餐文化盛行,年轻人在电视、网络、MP3里耳濡目染了另一套"爱恨情仇"。豫剧文化在民间呈现出断代的危机。

尽管以《梨园春》为代表的豫剧商业化运作在电视媒体上取得了空前成功,但除此之外,豫剧在民间的市场化传播空间并不宽敞。我们听到的婉转柔媚、激越悠扬的剧目,更多的来自年长者手中那个枯燥单调、受存储容量限制的录播机。

所幸还有游园里的戏班。在这里,豫剧里的传统乡音得到传唱,年轻一代多了一个接触、学习豫剧的途径。传统文化终将实现新的传承。

查阅近年的相关调查资料得知,许昌市戏迷的平均年龄在53岁,这在河南应该算普遍现象。岁月悠悠,我们应该承认豫剧的受众主体正在一天天变老的现实。与此同时,再资深的表演艺术家,也不可能永葆青春。这样看来,但凡是人,只有化身艺术,才能永存。

又一个秋天的早晨,许扶运河河畔凉风习习、萧瑟伶仃。透过细雨与雾霭,我听到了远方亭台上传出的悠扬曲声。

戏———迷———乐———园

陪奶奶听的最后一场戏

夕西然 | 文

【作者简介】
夕西然，河南辉县人。现供职于某事业单位。业余读书人，愿以柔软之心书写日常生活。

　　10月的那天，天晴得有些不真实，才早上9点钟，阳光已经很强烈了，整个世界都笼罩在一层明晃晃的光辉之中。奶奶坐在小屋里休息，强烈的阳光照射在她雪白柔软的发丝上，那头发竟有些透明了，让人想起初生婴儿柔软的毛发来。自从奶奶病重以来，我们还从未发现她的状态那样好过。

　　甚至当我轻轻俯下身子，把头靠在她的心脏旁边时，也听不见那沉重的呼吸声了。她好像又恢复到夏天时的健康了。奶奶在那明晃晃的光辉之中坐着，静静地坐着，神态安详，半闭着眼睛，好像在聆听着什么。我站在旁边看她，想起这些年来，她好像总是喜欢这样静静地坐着，也总是这样半闭着眼睛。这些年来，她都在听些什么呢？这一天，她又是在听些什么呢？或许她只是这么静默着，等回忆的小溪慢慢流淌开来。

　　我突然意识到自己有多么不了解奶奶。因为自从我有意识的那天起，奶奶就已经是奶奶了，这个称谓就决定了她在我的生命中就是一位老太太了，我甚至没有想过她曾经的样子，没有想过她当小女孩儿时的模样，没有想过她当新娘子时的模样，没有想过她当年轻母亲时的模样，没有想过她怀里抱着叔叔、手上牵着姑姑、身后跟着爸爸的模样……

　　家里也没有留下一张曾经的照片，在我的心目中，奶奶的生命就是她成为"奶奶"以后的暮年时光。然而，她所看到的我，是我生命中最初的、最幼稚的童年时光。她看着我从一个小猴儿一样的长毛小孩儿长成个文静的小女孩儿,又看着我一步步远离家乡……

在我的印象中,奶奶一直留着老太太的典型发型。衣服也没怎么变过,上衣颜色总是素净、寡淡的,纯色的话总是黑色、灰色、白色、紫色、褐色等,有花纹的话也是些细小的花纹;她的裤子也总是黑色或者灰色的,裤腰是松紧带,宽宽松松滑滑溜溜的,穿在身上怎么都不会变皱。

奶奶很胖,耳朵很长,耳垂又比较大,所以别人都说这老太太有福相。不过她并不像弥勒佛那样整天乐呵呵的,她是另一种福相。她的身上总是表现出一种平静而坚忍的气质。她遇事是从不着慌的,总是那样慢悠悠地做。她也很少像别人那样开怀大笑或者放声大哭。她对人也总是很和气的,从来不会去大声斥责谁,尤其能容忍急脾气的爷爷,有时我们看着都为她抱屈。

还是回到那个阳光明朗的上午,奶奶静静坐了许久,突然抬起头来。我看到她的目光中分明有一丝渴望。是想出去走走呢,还是突然觉得有件事还没做?我从来没有想过奶奶会想些什么,甚至也从来没有想过奶奶是否真正知道自己的病情。我们都愿意相信她是不知道的,尽量去说一些高兴的事情来给她解闷儿,然后我们看到她很平静满足的样子就觉得很安慰了。

可是真是那样吗?奶奶看到医院中的情况,看到自己所有的子女都这么不遗余力地照顾自己、陪伴自己,难道不会猜出这是一场大的灾难吗?所以,也很有可能,奶奶的心中也有些不好的预感,但是她依旧不愿放弃心中最后的一丝渴望,也不愿让我们担心。

奶奶或许是看到我的脸上闪过一丝惊恐或不安,便对我说:"以后不用老是来看我了,没事儿,跑来跑去挺远的。我都快好了。""没事儿,奶奶,就是您好了,我也

戏———迷———乐———园

唱的是什么,却是第一次发现豫剧也这般动情。奶奶像是明白了我的心思,突然向我介绍起来:"这出戏叫《桃花庵》。为奴夫在神前我挂过彩,为奴夫我许下了吃长斋……"

奶奶把正唱的两句词又念了一遍,便开始给我讲起其中的故事来:这个正在唱着的是张才他老婆。她年轻时候就嫁给了张才,后来张才走了。她等了十几年不见张才回,就以为他死了。谁知道那张才在外面又生了个孩子——他到了一个尼姑庵,和一个尼姑好了,还生了小孩儿。后来,他死了,尼姑就把小孩儿送给别人养了。再后来,有一天,张才的老婆看到街上有人卖的衣裳就是自己男人的,刨根问底才知道这些事儿,最后她又找到了那尼姑和小孩儿……

她说着说着,便又跟着念起词来:

"为奴夫茶不思饭不爱,消瘦了两腮骨瘦如柴。为奴夫每日里无精打采,为奴夫昼夜不眠常等待;为奴夫我懒把衣更改,为奴夫我不上梳妆台……"

奶奶一个字都不识,竟然把这些戏词念得那样清晰、一字不差。奶奶好像真的好了,开始给我讲起戏曲故事了。而我,这些年来一直都不喜欢这些戏,只是知道奶奶爱听戏,给她打开电视机,换到戏曲频道,那样就好了,就算有时候坐那里陪她听一会儿,也是心猿意马的。这《桃花庵》竟是我认真陪奶奶听的第一场戏,却也是最后一场了……

要多回来看您。"我连忙坐下来,握着奶奶的手。奶奶的右手因为输液肿了,姑姑天天拿薄薄的土豆片给她敷上去,这一天肿也基本消了,只是还有一些发青。我问奶奶还疼不疼,奶奶的脸上竟露出小孩子一般天真知足的神色,她伸出左手来,轻轻抚摸着自己的右手,一字一句轻轻地说:"不肿了,不疼了。"平静中带着些欣喜。

奶奶的戏匣子还放在旁边。我们打开来听,第一曲是《桃花庵》:

"九尽春回杏花开,鸿雁儿飞去紫燕儿飞来,见那翠绿纱窗忒可爱,见那白鹭双双叠鸾台,见一对蝴蝶儿飞过墙外,见那一个小蜜蜂采花来……"

一阵热闹的敲锣打鼓后,便是有些悲凉的的音乐了,紧接着一个旦角出场,把那一段词唱得哀婉而幽怨。奶奶把戏匣子抱在手中,微微低着头,似乎又陷入了沉思之中。她把有些浮肿的眼睛轻轻闭上,那一瞬间,世界上除了这期期艾艾的演唱以外,便什么也没有了。

我也在旁边静静坐着,虽然听不太明白

戏曲中原：一曲水袖的行云流水

考 剧 团

刘新福｜文

1970年春，杞县豫剧团招生。那时，我正读小学四年级，和其他同学一起跟着文体老师闫永治前往公社高中考点参加海选。在这之前，我没有在宣传队待过，一下子去考县剧团，肯定不容易。

我的三哥和刘开印等是学校宣传队的骨干，他们个个兴高采烈，志在必得。他们甚至认为我是"麻雀跟着蝙蝠飞——白熬夜"。去的路上，三哥好几次想撵我回去。

刘常富说："你叫他跟着玩呗。"

谁知几个回合下来，我们一起去的三十多名考生只有三位入选，其中有我，另外一男一女也是宣传队的人。过了一个星期通知去复试时，只剩下我一个人。

其实，考试内容很简单，只让我们唱当时最流行的歌曲《大海航行靠舵手》中的最后一句"毛泽东的思想是不落的太阳"。初试考官是县剧团团长朱尊山和导演李景泰，第二次的考官是李景泰和剧团书记胡炳香。

当时，我的嗓子有些嘶哑，唱"不落的太阳"时，我立着脚后跟，伸长脖子才勉强顶了上去。

【作者简介】

刘新福，河南杞县人。开封市人大财经委委员，开封市工商联总商会副主席。开封市戏剧家协会副主席，开封市新闻工作者协会理事长。

戏———迷———乐———园

辘辘,后来干脆玩起"就地十八滚"。她笑得合不拢嘴,与李景泰耳语后就把我定了下来。

没过几天,沙沃公社的考生在一位姓朱的老师的带领下,来到县剧团参加复试。

剧团所在地是城隍庙,据说这个城隍庙的大殿是明朝时建的。其宏伟程度,在当时的我看来感觉就跟北京的天安门差不多了。剧团东边是县城唯一的一个澡堂,我们被安排住在了澡堂子里。

床是二联体式的木床,床中间有一道木栏杆,和我挨着睡的是一个叫胡培成的考生。他是苏木公社的,考的是乐队。他年龄比我大几岁,看上去很有把握,也很傲气。

没想到,他不让我跟他挨着睡的原因是嫌我脏。我长这么大还是第一次见到澡堂。在老家,夏天我每天都到水塘洗澡,一年四季有三个季节都是不洗澡的。在胡培成的压力下,我不情愿地第一次进了澡堂洗澡。

在县里考试,董培仁导演主考,其他演职人员坐在旁边观摩,还是唱那句"毛泽东的思想是不落的太阳"。这句无论从音高还是音的宽度,完全可以判定嗓子和唱功。

令人想不到的是,考生唱完后还要到外面的练功场上翻跟头。我想,这是我的拿手戏,比就比。可当我看到从高阳公社来的一帮考生翻出的跟头时,我张着嘴瞪着眼,谁见过这样的跟头?

这时,我偷看了一眼带队的朱老师,他也正看我,此刻好像不是考试,而是公社与

胡炳香问我是怎么回事儿,我说:"学校游行、开大会都是让我喊口号,嗓子都喊哑了。"

她说:"你喊一声。"

我当即振臂高呼:"毛主席万岁!"

这一喊不当紧,全场参加考试和围观的群众跟着一起高呼:"毛主席万岁!"

我生怕不能打动她,拽住了她的衣襟说:"我还会翻跟头呢!"

她眼睛一亮:"来,你到门外翻给我看看。"

于是,我在外面的硬板地上打起了马车

戏曲中原：一曲水袖的行云流水

公社之间的团体赛。我俩眼神儿撞到一起，顿时给了我力量。我把绿挎包放在地上，两只布鞋左右一甩，朝手心吐口唾沫一搓，跟在人家后面一趟趟翻起来。我除了马车毂辘，也学着他们的样子，朝着那个填满了锯末的坑里翻起了空心跟头。从锯末坑里爬出来，我浑身是锯末。我没有后退也没有害羞，满脑子想的是我也会翻跟头，我也"文武双全"，我一点也不比他们差！

第二天面试时，董培仁一眼就认出了我。

他说："昨天那个冒充会翻跟头的是不是你？"

这时，我害羞了，脸涨得像红苹果，惹得大家哄堂大笑。

复试完，我们到县医院体检，据说能让参加体检的，基本已经被录取。然后，让我们回家等通知。

谁知一等就是几个月。这期间，我兴奋着、幻想着。等到麦收完仍无消息，我开始由满怀希望到灰心失望，干脆就把这事儿给忘了。

父母也没指望我能考上县剧团。别说他们，我们家没一个人有文艺细胞。三哥更不希望我考上。一是他没面子，更重要的是我走了，每天烧地锅的活儿就由他一人干了。

去公社考试路上撵我回家时，他当时就说："你出来了，今天晌午谁烧锅？"

那时，我和三哥是每人一星期轮着烧锅。轮到他，他总是以宣传队排节目为由不回家，这个冤大头活儿实际是我一人包干。

到了秋天，繁忙的秋收开始了。看到那满地的红薯，我的头皮发麻。

一天下午，我顶着烈日去刨红薯。刚到地里，大队干部刘玉峰来了。

他走到我父亲跟前说："叔，宝福（我的小名）考上县剧团了，叫明天就去报到。"

他的声音虽然不大，可在我听来如同一声春雷。

我当即把篮子和铁锨抛向空中，在红薯地里连着翻了几个跟头，拍着屁股高唱："毛泽东的思想是不落的太阳。"

我没心再刨红薯了，一溜烟儿跑回家，以最快的速度把喜讯告诉我的母亲。当时，我恨不得跑到大队部对着大喇叭高喊：我考上县剧团了！

那一夜，我望着满天星星久久不能入睡，我看到连天上的星星都眨着眼睛向我祝贺！

第二天一早，大哥用自行车把我送到县剧团。那一天是1970年农历八月十四，还没过我的13岁生日。

从此，我离开了那片黄土地，离开了爹娘，吃上了人们梦寐以求的商品粮，开始了全新的生活……

戏———迷———乐———园

张新芳的陈三两

王海霞 | 文

之前我有一个偏见，以为地方戏多少俗了点儿。受大学时文艺理论老师的影响，我一直认为河南地方戏是活跃在最底层的戏曲形式，因为没有高素质人才的介入，这些戏曲单单就是劳苦大众们在呼天唤地。这种偏见让我一直没有耐心去欣赏一部完整的河南地方戏。

然而一看张新芳的曲剧《陈三两》，这些臆想便如烟散去了。

看张新芳，还是看她晚期的表演。饱经风雨之后的一位老人，更能将自己对人生的理解融入到艺术之中。一个有天分的人，对世界人生的认识，不需要读多少书，用心体悟就足够了；一个有天分的人，对艺术的理解，不需要多高的学历，热爱就足够了。

至少，对张新芳来说，便是如此。

一声沙哑的悲叹，陈三两出场了。首先映入我们眼帘的，是她那一身朴素的装扮。浅蓝底色的长衫，粉红团花，配了一头的粉红簪花。粉花中闪亮的晶片，使得朴素之中，点缀了一丝艳丽和妩媚。

她款款出场，"陈三两迈步上公庭"这段著名唱段，倾诉了一个流落烟花巷中却依然自重自怜的女子的悲苦命运和不屈的梦想。作为花魁，不只因她姿色出众，更因她才华盖世，"小女子虽然流落在烟花巷，身入污泥莲白芳"。贪心的鸨儿却又把她卖给一个六十多岁的珠宝商，"小女子今年二十一春"，"我好比一朵莲花初开放，他好比一树残叶落埃尘"。这个弱女子，一直在用自己微弱的力量，为自己争取生存和生活的权利。如果不能，就以死抗争。

【作者简介】

王海霞，河北人。中学教师。

戏曲中原：一曲水袖的行云流水

张新芳的唱腔是铿锵的，无畏无惧的反抗从她的肺腑里慷慨迸出，嗔目和拂袖之间，便将一种力量挥洒了出来。

"衙门好似阎王殿"，走了一遭阎王殿苏醒过来的陈三两，斗志却更为昂扬。她愤然掠起披散的长发，怒向州官："人活一百岁总是死，早死也免多受灾。陈三两今天不要命，混账老爷听明白。怎科举怎会试，怎做国家栋梁材。空读诗书不知理，怎把纱帽戴起来。睡到半夜人静后，手拍胸膛你想明白。人凭良心事凭理，你今天拶我该不该！"

这一番质问，若铜盘坠玉，若钢枪连发，铿锵有力，掷地有声。陈三两咄咄逼人

地指责着州官。逼视一个人的良心的时候,最能令对方虚弱。陈三两,倔强得荡气回肠。

面对强权,她更加倔强。面对亲人,她却侠骨柔肠。她肯于承担责任,父母双亡后她自卖自身,以一个柔弱小女子的双肩挑起安葬二老、抚助幼弟读书求仕的重担。被卖入烟花柳巷后,她又同情弱小,扶助孤弱,收留了流落街头的陈奎,认他为义弟,周济他读书求学。"为陈奎操碎我一片心肠,老鸨儿打得我浑身是伤",陈三两含辛茹苦,终于把义弟陈奎培养成才。她嘱咐他:"得中要把清官做,切莫要草菅人命做贪官。"然而,当年分手时寄养在寺庙的亲兄弟赴考后没有任何消息,得中的陈奎也一去无回,"陈奎好比一只虎,陈三两好比一只猫。猛虎跟着猫学艺,胆大狸猫把虎教。窜山跳涧都教会,得第把我恩忘了","我好比一只孤舟在顺水漂,船到江心失了篙。有前因无后果,有了上梢无下梢"。这两处,又唱得凄楚哀婉、肝肠寸断、悱恻动人。陈三两的刚强里,有着无限的柔情;陈三两的反抗里,又有着无尽的悲伤。

面对跪地求饶的弟弟李凤鸣,陈三两毫不原谅。陈奎为打动她,假意问斩李凤鸣。亲情和道义在斗争,陈三两"又恼又恨又心疼",但是,"犯法不惩怎能行"!一个弱女子,竟有这样坚守道义的境界。这个结局,抛开了地方戏传统的取悦观众的大团圆的结局,实在难得。

无论如何,陈三两确是一朵光芒耀目的莲花,一朵"身入污泥"却依然"自芳"的莲花。这个女性形象比起窦娥,有过之而

无不及。戏曲中备受屈辱和压迫的中国女性中,张新芳的陈三两永远是其中一个令人敬畏称奇的女子。

迷恋《陈三两》,不只是因为陈三两的光芒,更是因为张新芳的艺术。我相信她是陶醉在她自己的艺术里的,你只有亲自欣赏了她的表演,才能领略。

张新芳的唱腔高亢、醇厚朴实,于豪放有力中蕴委婉细腻,于刚健明亮中含真情实意。沙哑苍凉的演唱中,每一个字似乎都发自肺腑,喷于喉管。她的演唱吐字清晰,韵味悠长,表演大方自如,恰到好处。因此,她被冠以"曲剧皇后"的美誉,丝毫不为过。

在张新芳的表演里,我们能看到一个怀着严肃的心态去表演的艺术家,和一颗热爱生活、热爱人民、痛恨黑暗、歌颂理想、追求幸福的心。张新芳没有文化,却是一个为生活在社会最底层的劳动人民代言的纯粹的艺术家。

戏曲中原：一曲水袖的行云流水

爱唱戏的小女孩

刘 放｜文

【作者简介】
　　刘放，河南许昌人。报社记者。

　　这是四年前的事情了。
　　四年前的国庆节，我和家人到鲁山的清水河游玩。景区没有什么特别的景致，但青山绿水带给我们轻松的享受。特别是景区清新的空气、毫无污染的环境，都给我们以美的享受。
　　或许是想让游人有更多的乐趣，景区还组织了戏曲演唱活动。一个小舞台，一个小乐队，几个演员轮番上场，唱一些大家喜爱的戏曲段子，其乐无穷。
　　那天下午，我随意踱步到演唱现场，发现一个小女孩唱腔圆润，委婉动听，许多观众都为之欢呼。小女孩没有化妆，看上去最多也就是十三四岁的样子。她唱了《朝阳沟》《花木兰》选段，在观众的热烈掌声中，又唱了《小二黑结婚》《穆桂英挂帅》等曲目。女孩吐字清晰，感情丰沛，很受大家喜爱。当时我想，现在戏曲萎靡不振，真是难得还有这样的小孩喜爱戏曲。
　　听了几段戏后，我便到处转悠。当来到一条小河边的草地旁时，我看到在青青的草地上，坐着一个小女孩，正在那里无所事事地绞着青草玩。我的眼睛一亮，这不是刚才那个唱戏的小女孩吗？我走上前去，意欲与她搭讪。还没等我开口，女孩便抬起头来，很有礼貌地回我："叔叔好。"多么乖巧的孩子。
　　于是，我便与她攀谈起来。
　　女孩家在鲁山县城里，父母离婚后，她跟着母亲生活。母亲做服装生意，总是赔钱。无奈，一年前因为经济问题，她辍学了。因为爱唱戏，她总是跟着一些戏班子串场，人家给她一些钱。"你是从哪儿学的

戏———迷———乐———园

戏?"女孩忽闪着大眼睛,飞速答道:"我是跟着电视学的。只要看上几遍,我就能学会。"我为女孩的聪颖而惊奇。"那你到许昌学唱戏吧,我们那里有'倒霉大叔',还有'侯圈',都是名演员。"女孩很惊奇:"我很崇拜他们,叔叔认识他们吗?"当得到确切的答复后,女孩要了我的电话号码,再三表示一定会与我联系。

本来是一场邂逅,我也没怎么放在心上。谁知没过多久我竟真接到了女孩的电话,她已经来到了许昌。我赶忙去车站接她,她表达了想在许昌学戏的愿望。

于是,我与许昌市艺术学校的朋友联系,又说明了女孩的家庭背景、经济状况。艺校的朋友非常体谅,专门听她唱了几段戏,觉得是可造之才,便破格儿录取了她,还减免了学费、生活费。我很感谢艺校的朋友;同时,也为戏曲事业又添新人而感到高兴。

这以后,她便在许昌落了户。每逢周末,她还到我家里来,我们自然要给她做些好吃的,有时给她买件衣服,或给些零花钱。女孩很懂事,总喊我干爹,弄得我很不好意思。

这样大约过了一年,我突然没有了女孩的消息。问学校,校方也不知所以然,说总有一个多月都没有来学校了。我们分析,或许是女孩的经济又出现了问题,或许是家庭又有了什么变故。然而,不管什么原因,我们与那位可爱的小女孩失去了联系,已经是不争的事实。

本想看到戏曲舞台能再升起一颗新星,然而,大家都失望了。至今想起,我还抱有很大的遗憾。

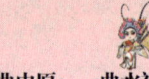

戏曲中原：一曲水袖的行云流水

我是梨园追梦人

何改芳 | 文

我出生于1979年，父母都曾在宣传队工作过。后来，父亲成了专业演员。由于从小受家庭影响，我深深喜欢上了戏曲。12岁时，我决心去学戏，但是父母深知艺术之路的曲折艰难，就劝我说："学戏苦啊，你不怕吗？"我干脆地回答："不怕！"父母虽然还是不大愿意，但经不住我的软磨硬泡，就把我送到了长葛参加专业培训。

俗话说："十年的胳膊二十年的腿，三十年练不好一张嘴。"学戏说起来容易做起来难，培训期间，我起早贪黑，下腰、踢腿、吊嗓子，常常累得吃饭时拿筷子的力气都没有。天天如此，但我无怨无悔。

经过近一年的专业培训，我于1993年顺利地考入许昌文化艺术学校，但这仅仅是我艺术生涯的开始。

在学校里，我学习非常刻苦，除了学习专业理论课程之外，还数年如一日地坚持基本功训练。毕业时，我被学校安排参加全省文艺学校会演。虽然我第一次登台表演就获得了优秀奖，但我很不满足，优秀奖其实就是鼓励奖。我当时很失落，觉得有负众望，便下定决心，今后还要苦练基本功，希望将来能够在戏曲舞台上有更大作为。

可是，面对就业的残酷现实，我不得不听从家人的安排。按父母的意见，我于2005年考入许昌市政法干校，毕业后被分配到榆林乡政府工作。

在政府部门工作，是许多年轻人的梦想，但在我心中，依然保留着对戏曲艺术的向往和追求。我在做好本职工作的同时，希望能够进一步发挥自己的特长。2008年，我加入了许昌新农村剧团，开始参与到许昌市电视台的《戏迷乐园》栏目中。就这样，我利用业余时间，继续圆我

【作者简介】

何改芳，河南许昌人。国际小戏艺术节金奖得主，国家一级演员，河南电视台《梨园春》栏目擂主。

的梨园梦。

此后,我在"平煤杯"全国票友大赛中获得过金奖,在首届"中国滨州·博兴国际小戏艺术节"上获金奖。我还经常给戏曲名家任宏恩、艾立等配戏。

2003年,许昌教育电视台台长徐森荣找到我,要我和许昌市豫剧团演员李金花共同排演小品《心愿》。《心愿》反映的是一个贫困山村小姑娘辛苦求学的故事。剧中,我扮演主人公小玉。

刚接到这个本子的时候,我找不到任何感觉,表演的人物形象像个木偶。导演很失望,差点儿把我换掉。我为此哭了好几回。为了演活这个角色,我到禹州市鸠山学校体验生活,和小同学同吃同住。后来,我干脆在山村一个农户家里住了下来。当时已经是11月份了,可这家农户的床上仅铺着席子,上面只有一条薄被子。我亲身体会到了农家生活的艰辛,才慢慢找到了感觉。《心愿》在许昌教育电视台现场演出时,我发挥得淋漓尽致,凭借声泪俱下、声情并茂的发挥,一下子感动了在场所有的观众。很多人都流下了眼泪。

2003年,我在河南电视台《梨园春》栏目中凭着自己深厚的艺术功力一路"过关斩将",终于登上了第244期《梨园春》擂主的宝座。

接下来,我接拍了戏曲电视剧《养儿无错》。这是一部反映现代物质文明和中华传统美德冲突的电视剧。剧中的母亲对奶奶横挑鼻子竖挑眼,不肯赡养奶奶,父亲夹在中间左右为难,孙女皎皎愤然站出,要带着奶奶去上学。经过一番波折,母亲开始转变思想,孝顺奶奶。剧中,我扮演的是孙女皎皎。这部戏演得比较成功,获得许昌市"五个一工程"奖,后来入围河南省"五个一工程"奖候选剧目,在中央电视台戏曲频道播出了三次,在河南电视台、各地市电视台相继播出多次。

2008年12月,我获得了由许昌市政府颁发的"民间艺术师"称号。对我来说,戏曲是个美丽的梦,给我快乐,让我充实。虽然不能成名成家,但是我永远是个梨园追梦人。

许昌人的戏情和戏韵

袁文雅 | 文

【作者简介】
　　袁文雅，河南许昌人。许昌市作协会员。雅好中国传统文化、历史和戏剧，发表散文、戏评、剧本、诗歌多篇。

　　许昌，人杰地灵，有着传承悠久的戏曲文化。在新中国成立前，许昌著名的戏班就唱大油梆、二油梆、一道辙等，长葛的文胜班、鄢陵的庆春班，也各有擅长，声名远播。新中国成立后，古老的戏曲艺术得到了新生，许昌不仅剧种丰富、行当齐全，而且佳作迭出、名角荟萃。在许昌这方热土上，人们对戏曲有着深厚的感情，爱戏、好戏，传承着绵绵醇厚的戏韵。

　　许昌兼备豫剧、曲剧、越调三大河南地方戏，云集了桑振君、任宏恩、汤玉英、毛爱莲、张晓凤等诸多戏曲名家，是有名的"戏曲之乡"。1965年夏天，当时的中南五省举行戏曲现代戏会演，豫剧《人欢马叫》代表河南省参加会演。据当年的演职人员介绍，当时的国务院副总理、中共中南局第一书记陶铸在观看了《人欢马叫》的首场演出后说："原本还担心这次会演没有精品剧目，现在看来，《人欢马叫》就是一部好戏嘛。你们许昌真是'戏曲之乡'啊！"许昌"戏曲之乡"的美誉便由此而来。

　　许昌人对戏曲的深情厚爱首先体现在对于演员的爱护上。"越调皇后"毛爱莲成名已久，她主演的《火焚绣楼》《白奶奶醉酒》《李双喜借粮》等，通俗明快、曲折动人，深受观众的好评。毛爱莲具有演唱甜、纯、清、巧、情、快的特色，表演真挚、细腻，刻画人物性格鲜明、栩栩如生，拥有广大的戏迷。老戏迷们对毛爱莲的艺术和品格高度评价，流传着"破上半年不吃盐，也要看看毛爱莲""听了毛爱莲的戏，一辈子不生气"的民谚。20世纪80年代，毛爱莲在剧院演出时，有的戏迷朋友远道而来，为了买到戏票，带着被子去排长队。演员因为有了观众的爱护，艺术之花才开得更鲜、更艳。那年正月里，我曾到长葛和尚桥看许昌市曲剧团的《泪洒相思地》。听说是张晓凤领衔，附近的村民一早赶到。当时天气寒冷，又刮着大风，看戏的条件也简陋，小板凳、三轮车，但观众兴致很高，如痴如醉地沉浸在剧情中，由衷地赞叹张晓凤宝刀未老、青春常驻。

许昌人喜爱戏曲，街边桥畔，随处可见戏迷们自拉自唱、自娱自乐。在市区文峰游园、西湖公园、莲花湾等地早已形成了固定的戏迷活动场所，每日里，戏迷群集，吹拉弹唱，声飘远近，戏情融融。许昌人热衷戏曲，其实是对生活的热爱，对戏曲的深情其实也是对生活的深情。戏曲艺术是生活的浓缩，戏曲中的情仇爱恨、生活坎坷、家国命运、期待落寞其实是生活的一种写照，人们通过戏曲来描绘心中的美好，守护心中的希望，鞭挞丑恶，激浊扬清。在豫剧现代戏名作《倒霉大叔的婚事》中，任宏恩扮演的常有福虽是"倒霉大叔"，"哪场风浪都落过水"，却秉持美好的品性，热爱生活，勤奋能干，决心办一个草编厂，开创新生活。艾立扮演的侯圈是豫剧史上有名的喜角，精明机智，善于交际，将寡居的表妹魏淑兰（汤玉英饰演）介绍给了常有福。有福与淑兰曾经历过流言蜚语、生活磨难，但他们心中怀有对新生活的期盼，经过波波折折最终走到了一起。任宏恩、艾立、汤玉英三位演员当时都正处于艺术的黄金鼎盛期，表演生动、传神，各具风味，为观众带来了美好深切的艺术享受；而剧中所表达的对生活的乐观、积

极，对苦难的淡然、从容，也影响了许许多多心有共鸣的人们，人们通过戏曲抒发了对生活的真切感悟。

许昌不仅涌现过众多的梨园名家，还创作演出过许多质量上乘、口碑良好的名作。《倒霉大叔的婚事》《山村风流汉》《简帖恨》《花乡曲》《七品青莲》《中原警事》等，不仅获得荣誉多多，而且流传广泛。许昌人对戏曲有深情，自觉地爱护戏曲、传承戏曲，使许昌大地弥漫着浓浓的戏韵，这戏韵醇厚、浓酽，香飘千里，沁人心脾。戏情、戏韵，是许昌人生活中的精彩组成，使许昌人的精神更丰富、心情更愉悦，在笙箫管弦中倾诉着内心的期待和对生活的热爱。

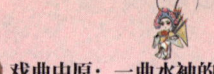

父亲的豫剧父亲的鼓

佚 名|文

在全家人中,父亲最爱豫剧。刚记事那会儿,早晨醒来我便钻到父亲的被窝里,枕着他的胳膊肘,听他唱豫剧。白天,他常常让我坐在他的腿上,说是给我唱戏,其实是自我欣赏,因为小孩子是听不懂的。

可能是受父亲的熏陶,久而久之,小小年纪的我,也能完整地唱上几段,每天在家咿咿呀呀,好不热闹。父亲觉得我继承了他的传统,打算让我长大后去学戏,而且还郑重其事地跟母亲说我不适合唱花旦,适合扮演小生,但是学小生很吃苦。

得知我考上了师范学院,父亲异常兴奋。报到的前一天晚上,父亲组织了他的老伙计们来到家中,要给我庆祝一番,堂鼓、板胡、二胡、梆子和演员各就其位,俨然一个小型的戏班子。但见父亲端坐在堂鼓之后,挺胸抬头,两手娴熟地同时一落,"咚咚"两声,头也跟着一

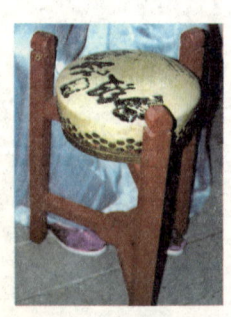

震，立刻就进入角色，整个戏班立即活跃起来。热闹一会儿后，忽然我的三叔问我是否能唱几段，我说我学的是唱歌，不是唱戏，他们说都是一回事儿，让我试试。于是，我鼓足了勇气，扯开嗓子，把《银环下山》的段子唱了一遍，中间有两处需要集体伴唱，我清楚地听见父亲也在大声伴唱助威。我像得到了鼓舞似的，胆大了许多，接着我把《银环上山》的两个段子都唱了下来。有人夸我发音合理气息好，我的父亲立即毫不谦虚地说："我家二闺女在学校是数一数二的，她的戏是自学的，连我也不知道她能跟上弦。"

这样欢欣的场景在我出嫁的前一天晚上再次上演，母亲是不乐意的，她说人家是娶媳妇时庆祝，咱这是嫁闺女，人家会笑话咱的。父亲可不在意这些俗规矩，他不顾几天的操劳，邀请伙计们来到家中，基本还是原班人马，不同的是，这次是让我先唱了几段。前奏时，我看见父亲很认真很严肃的表情，几多慈爱，又有几多安详，母亲却已在旁边抹起了眼泪。第二天，女儿真的要出嫁了，没有多么撕心裂肺的分离场面，我的父亲用特殊的方式欢送了我。当地结婚典礼的仪式上，男方要请大鼓队到女方家迎亲，且在女方家院中敲打一番。当迎亲队伍到我家时，几个和父亲很熟的队员逗父亲说："平日里，你给多少人家打过大鼓，今天还不给自己家的喜事打一次！"母亲立即暗示不要惹大家伙儿笑话，父亲不理会，立即把外套一脱，两手一搓，呵一口热气，拎起鼓槌，示意开始。亲戚朋友都跑来看热闹，就连陪在我身边的闺密也跑到院子里去了，因为父亲擂鼓嫁闺女还是稀罕事儿。我是不能出屋门的，其实我是很想看父亲擂大鼓的。只听得直径将近两米的牛皮大鼓雷鸣几声，大小乐器一时齐发，那一米来长的铜号吹上几声，偏又有好热闹的人在楼上放了一挂大鞭炮，一时间锣鼓喧天，鞭炮齐鸣，喜气冲天。父亲的鼓声比平日里格外劲道明快，如草原上万马奔腾，如天空云彩变化无穷。

一晃十几年过去了，父亲上了年纪，身体不再灵活，不能再潇洒地敲鼓，只能安静地坐着看戏。而我闲暇之余还是喜欢看豫剧，总是喜欢沉浸在那震撼的鼓点声中，好像那是父亲的豫剧父亲的鼓。

戏曲中原：一曲水袖的行云流水

花旦二姐

曹秀丽 | 文

一

晚上放学回来，娘说，你二姐去学唱戏了。我听了一点儿也不觉得奇怪，当时长得营养不良的二姐，那副眉眼儿倒没缺营养，水灵灵的大眼睛，不唱个戏里的花旦会屈了她。

吃饭时，二姐回来了，龇牙咧嘴一副刚遭了严刑拷打的样子。

我问，二姐，戏唱完了？

二姐一翻大眼，唱完你个头，压根儿不唱，练功！哎哟，我浑身都散架子了……她撇着戏腔，一声：苦哇……一溜儿戏步做不堪状进了厨房。娘说，这疯丫头！

以后，17岁的二姐就跟我上学一样，按时按点来去。我放学她也就准时到家，言谈举止中无不带着唱念做打的范儿，走火入魔了似的。

二

我说二姐生得眉眼儿好，剧团里的花旦也非她莫属，她们第一次彩排的时候，正好赶上我星期天。早上她还没有睁开眼睛的时候，我就守在身边盯紧了她。二姐醒来后就警觉地问我，想干什么？我说我要跟你一起去看你唱戏。她说我忙，到时候顾不上管你。我说我大了不用你管，你只要带我去就行。她沉思了一会儿，可能也知道结果，但仍有些不甘心似的说，你先去写作业，要不再也不给你糖吃。我说作业我昨天

【作者简介】
　　曹秀丽，笔名"鸟儿"，河北人。邯郸市作协会员，中国文学家园网站签约作者，中国访谈网、民声访谈网特约记者。在各地报刊杂志发表作品，并有部分作品获奖。爱情诗集《命里桃花》正整理出版中。

晚上就写完了,这次我不吃你的糖。

她没再看我,翻着那副眉眼儿起床洗漱吃饭去了。我跟在她身边,寸步不离。

以前,她和大姐晚饭后要出去,我就是这样,害得她们每次都是恨恨地拉我出门,然后或抱或背睡着的我回家。若干年后我回味,才知道我这种行为真的是太过分了,把两个姐姐的青春"糟蹋"得不轻。但我愿意跟她们出去玩儿,更重要的是,有她们的朋友为了讨好我姐姐而常给我买零食吃,有一次一个大哥哥买了半斤糖给我,害得我吃糖吃得肚子疼了半夜。因此,一个星期没有跟她们出去。

剧团彩排点设在村大队部的院子里,二姐把我带到院子里嘱咐我坐在锣鼓家伙旁的一个石阶上,就匆匆化妆去了。等待开戏的时候,我忽然发现了人群中有我一个要好的同学小勇。看到他挤在人堆里坐地面上朝着我时,我忽然就有了一种优越感,像我是演员他在看我演出一样。他也看到了乐器旁的我,讨好地一个劲儿向我挤眉弄眼。我矜持了很大一阵,终于忍不住向他招手要他过来。小勇像得了特赦似的兴奋得几步就蹿到了我身边,我严肃地叮嘱了他一阵,他就乖乖地坐着和我等戏开场了。

三

一阵锣鼓家伙儿响之后,我第一次看到了我彩妆的二姐,简直美极了。粉饰雕琢之下的二姐美若天仙,袅袅娜娜顾盼含情,举手投足咿咿呀呀,总招来一片掌声和叫好声。但我却始终不好意思为她鼓掌,着戏装的二姐让我觉得有些陌生。我身边的小勇讨好似的把巴掌都拍红了,说你二姐真好看,长大了我要娶她做媳妇。我真心地狠狠擂了他一拳,情急之下梗着脖子说,是我的二姐,我要娶她做媳妇!小勇就笑翻了,说你是女的怎么能娶女的做媳妇?我涨红了脸仍

梗着脖子说，女的我也娶！

　二姐在戏中扮演一富家小姐，跟丫环春游时与一花花公子相遇，然后相约，结果引狼入室，最后惨遭不幸。当我看到二姐娇羞地走进"绣楼"，那公子狼一样追去的时候，我的心揪了起来。小勇捣了我一下，说，你二姐死了。我回了一拳吼，你二姐才死了！他们在唱戏，假的！话虽如此说，我仍揪心地看着被花花公子"踢"倒在地的二姐，看着她胸脯一起一伏还在喘气儿，才放下了心。

　从那次看二姐彩排之后，我便对二姐刮目相看了，也从此迷上了唱戏。正好有一阵因为没有场地，排戏就到了我家，我家场院大，每晚下了自习课回到家就能看戏，那段时间我真是觉得人生充满了乐趣。二姐他们几部戏在我家排了二十多天，我几乎一字不漏一场不缺全记下了。白天到学校我就召集同学们排练，像模像样，为此有人告密，老师还罚我站了一节课。

　但这改变不了我对戏的喜爱和痴迷。

四

　年底的时候，二姐他们第一次正式登台演出了。太阳还没全跳入西山的时候，我就跟小伙伴打着石头摞子坐台前了。我本来可以到台上去看的，但我要避嫌，怕伙伴们说我走后门。更重要的是小勇、刘丫、翠翠他们都想沾我的光，寸步不离地跟着我，让我无法脱身。现在好了，他们全围在我身边一起坐台前，答应我二姐唱好了我们就一起鼓掌叫好，条件是有机会要带他们上后台看戏。

戏开场了,唱的正是那出《恩仇记》,不用说,我婀娜多姿的二姐的演唱博得了阵阵喝彩。但我却怎么也开心不起来,她又遇上了那个花花公子,而且又没心没肺地被那狗日的追进了"绣楼"。我这次怎么也坐不住了,迅速挤出人群跑进后台,看到从西边幕后进到后台的二姐和那公子都若无其事地在等着下一次出场,才放下了心。但接下来我知道那狗日的花花公子要"脚踢"我二姐了,我不想我二姐被"踢死",但我不是导演,我无法发作。小勇却叫起来了,她二姐要被"踢死"了。我立即气血上涌,扭头从二包的腰带上扯下了他别着的弹弓。二包很义气,他说你瞄不准我来。就在那花花公子抬腿欲"踢"我二姐的当儿,小石子疾速地射了出去……这样,剧情就成了那花花公子抬腿还没踢出去,却先痛苦地叫了一声"哎哟"。本该喊"哎哟"装倒地的二姐愣了一下叫不出来了,叫不出来也得往下演,她只好一声没来得及喊就软软地倒在了地上……台下观众不明真相一片哗然,我们借机笑翻了一片。

五

以后再看戏,场场是我那没心没肺的二姐被花花公子追进"绣楼",然后再被"踢死",我终于是看得无所谓了,我不能场场跟着她没心没肺,关键还是我长大了,知道他们演得再真,也只是唱戏而已。

现在,二姐是市剧团一名主旦了,演技和唱腔自不必说,但在我跟前 总谦虚得很,这缘于我自学成才唱腔功力实在不是一般的水平。但功劳还是她的,要不是她去学戏,我还没机会接触这行当,也不会闲暇时痴迷戏曲动不动就喊上几嗓子了……

行　者

孙　兴｜文

【作者简介】

孙兴，曾用笔名"黄痴人""白汀"等，自号"晨露斋主"，河南封丘人。中国散文学会会员，河南省作协会员，河南戏曲学会会员。出版有散文集《蓦然回首》《文化感悟》，长篇小说《天光云影》，杂记《陈桥兵变史话》，豫剧伶人传记《封丘艺苑撷英》等。

　　上午10点来钟，县政府办公室来电话说，省里一个领导要来视察，让我搞好接待。

　　"那领导叫什么名字？什么职务？"我问值班员。

　　"姓马，叫马……紫……晨……"机要员一字一顿，显然她对这个名字很陌生。

　　接着，机要员对着话筒，给我念起了马紫晨先生的履历："……中国剧协、音协、曲协、杂协和史学、医学、民俗学、语言学、俗文学等14个国家级学会的会员……8个协会、学会理事及常务理事……会长，河南省著名的戏剧理论家……"

　　"好，这我都知道。你说马老先生现在在哪儿吧？我好去迎接！"

　　"刚才他打电话说，还没有进入县境呢，不过快了！"

　　"那好！"我挂了电话，匆匆然驱车向郑州方向驰去。

　　在县界收费站口，我叮嘱司机，要睁大两眼紧盯从省会郑州开来的高级轿车。我认为像马紫晨这样学富五车著作等身的大学者，一定是宝马香车，从者如云。

　　不久，我的手机响了，里边传出爽快利落声如钟磬的声音："喂，是孙副主任吗？"

　　"是啊，请问您是？"

　　"我是老马呀！"

　　"老马？哦，您是省里的马老吧？您现在在哪儿？"

　　"我到你们县汽车站了。"

　　"什么？你到了县汽车站？你车号是多少？我去迎你！"

"您不用来啦,在县政府门口等我吧!我打的过去。"随着马老的话,手机里传来车站的嘈杂与喧嚷。

我在县政府门口刚站定,迎面过来一辆绿色面的。车门开处,一位身材魁梧、年逾古稀然精神矍铄的老人跳下车,健步向我走来。

这就是我仰慕已久的马紫晨先生。这是马先生今年第二次造访我们这个偏僻的小城。

上次来,是清明节。那时,乡下百姓,家家都在扫墓祭祖,而与河南戏剧"神交"60年,把一生都交给"戏"的马先生,不顾年事已高,只身一人,风尘仆仆从省城郑州,专程来到我们这个"戏剧之乡"。他要去祭奠著名的豫剧表演艺术家、戏剧教育家、豫剧开山始祖孙延德先生,顺便到一些过世的豫剧名角儿的墓地进行凭吊。

在封丘县应举镇邵寨村,孙延德后人簇拥、带领着他,到了孙延德先生的墓前。

经过半个多世纪的风吹雨打、时代变迁,孙延德原本就不起眼儿的坟头,基本上消失殆尽。没有墓碑,没有标记,只有附近几株刚吐嫩芽的白杨、遍地丛生的茅草,瑟缩在依然料峭的春风里。脚下的黄土微微隆起,风吹草动,丝丝暗响,在向人们低语着世事的沧桑。

马紫晨倚靠在白杨树干上神色黯然。他告诉人们,在平平的黄沙下埋葬着一个天才的戏剧艺术家,埋葬着豫剧的一段辉煌。

孙延德在其漫长的82个春秋中,从艺长达75载。他天资聪颖,过目成诵,能背诵360部豫剧戏文。在他背诵的戏文中,仅历代帝王就多达72位。年轻时的孙延德,曾是开封同乐舞台上最好的旦角演员,他的徒弟遍布中原大地大江南北。豫剧"老五大名旦"均出自他的门下。

孙延德40岁时失音,从此,他不得不离

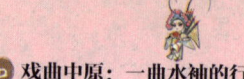

戏曲中原：一曲水袖的行云流水

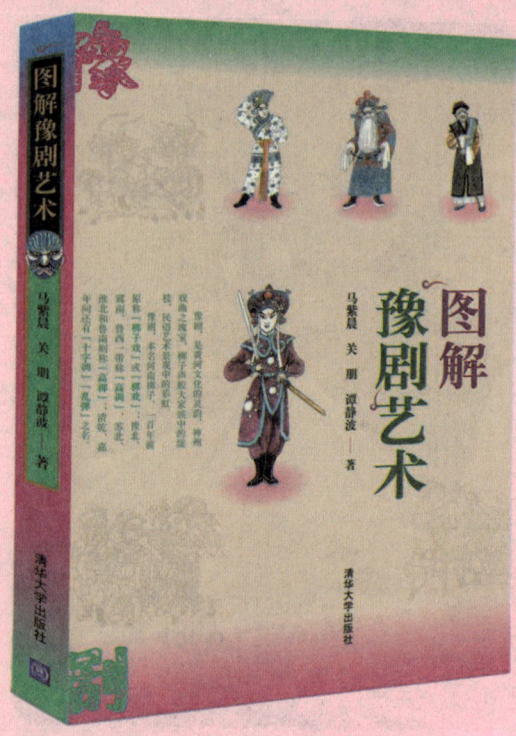

开心爱的舞台，转而从事戏剧教育事业。孙延德在戏剧教育事业中，打破封建传统观念及陈规陋习，开创豫剧招收女演员的历史先河。陈素真就是他的得意门生。

孙延德一生培养豫剧演员四百多名，为豫剧的繁荣发展奠定了基础，为戏剧事业做出了贡献。但是"戏子不能入祖茔"的陋规，使得这位戏剧旷世奇才死后被草葬在黄河岸边的茫茫荒野上。

"艺人难，艺人难，如同秋叶风里旋。不落地，不着天，云涯飘零没安全。"这是艺人人生的真实写照。

艺术大师们生前把一生贡献给了艺术，贡献给了社会，贡献给了民众，但他们生前得不到社会的理解、同情与尊重，身后是"既无馆室也无堂，寂寞孤坟对斜阳"。这怎不令马先生扼腕叹息。

马紫晨双手合十，虔诚地为孙延德燃上一炷香，深深地鞠躬，表达对这位豫剧先驱的崇敬之情。

而后，马紫晨匆匆赶往豫剧大师阎立品父女的墓地，向两位彪炳豫剧史册的名伶献上诚挚的敬意。

阎立品父女的墓地坐落在封丘县荆宫乡仝蔡寨村，与孙延德的坟墓相比，阎立品父女墓地多了两座青砖红瓦砌成的碑楼，碑楼脚下是阎氏父女小小的坟丘。

阎立品父女墓碑上斑斑驳驳的文字，分别记述着父女俩颠沛流离非同寻常的一生。

马紫晨为阎彩云、阎立品父女上了香。袅袅青烟中，马紫晨眼前仿佛又出现了十多年前给豫剧大师阎立品送去临终关怀时，阎大师那欣喜万分的面容。

阎氏墓地地处稻田，地势低洼。阎立品下葬时，墓穴里泉水汩汩涌出。马紫晨不无感慨地说，这泉水是雪梅女的泪，是千百万阎派戏迷的泪，是我们豫剧事业的泪。那飘逸袅娜的香烟，分明是舞台上阎立品那翩翩舞动的水袖。

"秦雪梅扶灵柩，珠泪簌簌……"每当听到这摧肝裂肺哀婉幽咽的唱腔，马紫晨都会情不自禁地泪流满面。今天，再次凭吊这位艺坛老大姐，马紫晨青衫再湿。

十多年前，台湾"豫剧皇后"张岫云与豫剧大师阎立品，共同为恩师杨金玉树了一通石碑。如今石碑匍匐在草丛里，无人问津。对此，马紫晨深感痛心。

近年来，随着大师级豫剧表演艺术家如秋后黄叶般地凋零，人们感叹河南戏剧事业走入低谷。随着时光流逝，豫剧艺术家们的名字也渐渐被人淡忘。那一张张熟悉的面孔、一抹抹姣好的扮相、一声声优美的唱腔、一段段坎坷的人生经历，也会随着他们形体的消逝而渐行渐远。独留一座座孤坟形影相吊，有的连一座孤坟也没留下。

这无疑是民族文化的失落，马紫晨为

此寝食不安。他要用中国最传统的祭祀方式，表达人民大众对为戏剧事业做出贡献的"戏子"们的崇敬之情，并以此唤醒人们对戏剧、对豫剧的记忆。为此，他18年来矢志不改，或单人独骑，或与同好结伴，南下北上，踏遍了神州大地的山山水水，寻觅已逝的豫剧名伶们的踪迹。

在封丘，他对县里领导说："这里是戏窝子，戏剧界有'进开封，不用问，不是许门是蒋门'的说法。许门班址就在封丘县曹岗乡清河集村，这里是豫剧祥符调的源头，二百多年来，名家辈出。戏可是咱县一大文化品牌。在封丘，老百姓可能不知道省长是谁，可他们知道孙延德。在河南，人们可能不知道封丘县，但没有人不知道阎立品。这就是戏的魅力。现在常香玉、崔兰田都有陈列馆，同是"五大名旦"，难道咱就不能给阎立品建个纪念馆？"

在河南宜阳县石陵乡，他寻觅到著名演员白壮子的墓地，枯树斜阳，衰草寒风中，他不胜感慨唏嘘。

在驻马店，为了让"现代豫剧之父"樊粹庭尸骨还乡，他奔走呼号于社会各界。

在西藏林芝，他费尽周折寻找到河南支边豫剧演员任德华的墓地，向这位客死异乡的豫剧表演艺术家献上了无尽的哀思。

在甘肃兰州，豫剧演员李战先生离开了人世，马紫晨援笔写下"河南游子，半世坎坷，任风吹雨打，从不改初衷，矢志培育豫苑桃李。陇西创业，一生辛劳，虽披肝沥胆，仍嗜戏如命，丹心可鉴长眠犹生"的挽联，沉痛悼念这位在异地他乡传播豫剧的河南老乡。

……

中午，与马紫晨先生共进午餐，老人家异常兴奋，他说这次来，是到河南大学给戏剧研究生讲课路过。不过也有两件挂心事：一是上次许诺给几个想学戏的孩子找个好一点儿的戏校，这事落实了，来告诉家长一声；二是想看看恢复清河集小天兴班一事的进展情况。

作为一个国家级戏剧专家学者，马老竟肯屈就一个乡村戏校当顾问，让人不可理解。但马老却把这个顾问当得认认真真、有滋有味的。

马老说："我不是什么专家学者，我是一个行者。"是的，马紫晨确实是个"行者"，是振兴豫剧的身体力行者。无怪乎著名作家田中禾说："豫剧事业有马紫晨，真乃幸事。"

席间，许门后人——清河集小天兴班复建人老许，向马老汇报说：投资30万元的戏楼已经竣工；戏校的软硬件建设均已完成，就等着招生了。

马紫晨听后兴奋异常，不顾随行人员的劝阻，痛饮了三杯。酒与开心让74岁的马紫晨，红光满面、神采奕奕。

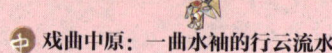

戏曲中原：一曲水袖的行云流水

岁月留声
——一个戏曲编辑的工作手记

董 菁 | 文

我是一个土生土长的河南人，从小喝着黄河水长大，家乡的乡音与乡韵伴随我成长的分分秒秒。我23岁那一年，成了一名电台的戏曲编辑，在以后的三千多个日子里，河南豫剧那高亢激昂的声腔、质朴火爆的表演让我沉醉其中，魂牵梦萦……或许是为了采撷缤纷生活的几片落英，或许是想留下岁月的几声回响，我养成了写工作手记的职业习惯，春去秋来，岁月无痕，工作手记不知不觉积下了厚厚的几大本。闲暇时，打开它们，拂去历史的尘埃，留下的是关于戏曲的点点滴滴。

【作者简介】
董菁，郑州文化娱乐广播副总监。

1995年4月1日
地点：磁带库
挑选节目带

今天，是个值得我纪念的日子。这是我担任戏曲编辑的第一天。站在深邃的磁带库里，面对着一排排的磁带，我不知道，这第一个该从哪里开始。

吱吱呀呀的磁带盘，转出了我的惊喜，转出了《朝阳沟》流水般的唱腔，也转出了我对豫剧

现代戏全新的认识……

《朝阳沟》1958年由河南省豫剧三团首演，几经磨炼，数易其稿，反复实践，终成精品，成为河南豫剧现代戏的开山力作。小时候，我就和爸爸妈妈一起看过搬上银幕的《朝阳沟》，而就在此刻，随着这熟悉的旋律，《朝阳沟》中走出来的一群新型农民又跃然在我的面前：那一甩毛巾一抬腿、走起路来风风火火的二大娘，那稳稳当当、慈眉善目的拴保娘，那磕着烟袋锅、只会"嘿嘿"憨笑的拴保爹，那一蹦两尺高、拍屁股打板凳的银环妈……唱词通俗易懂，唱腔优美流畅，"上山""下山""我坚决在农村干它一百年"以及那段大家都熟悉的亲家母对唱，让人百听不厌。

如果不是心灵与心灵的沟通，谁也不能让我心动；如果不是来自心灵的呼唤，不管你用什么办法，不管我的身体与你的距离有多近，你也不能搅动我内心的一丝波澜。爱一个人是如此，爱一出戏也是如此。《朝阳沟》标志着豫剧现代戏的创作，在运用传统的戏曲形式表现崭新的社会主义生活内容上，已经进入了一个全面成熟的新阶段，反应了社会主义建设初期，新一代知识青年的精神风貌。

如果让我用一个字来概括《朝阳沟》这出戏留给我的印象，那就是"美"！在这春日的午后，流淌在带库里的优美的唱段，使我一下子就迷上了《朝阳沟》，也因此爱上了我戏曲编辑的职业——为

这样的戏做任何事情我都心甘情愿。

这一天，也成为我人生中美的开始。

1999年10月31日
地点：人民剧院
许昌豫剧团演出《倒霉大叔的婚事》

早就听说现代豫剧《倒霉大叔的婚事》是许昌豫剧团的看家戏。1985年一经推出就轰动了全国，演出场场爆满。从80年代首演至今已经十几年了，依然久演不衰。这不，光看这剧场里黑压压的人群，就知道这出戏受欢迎的程度了。

《倒霉大叔的婚事》通过一个在农村历次运动中"常倒霉"的农民在办编织厂的过程中，与寡妇魏淑兰的爱情纠葛，以小见大地表现了三中全会以来农村的巨大变化。这出戏里表现的"常倒霉"个人的坎坷经历，魏淑兰改嫁过程中复杂的内心世界的变化，双方儿女对婚事的干预，侯圈的好心帮

戏曲中原：一曲水袖的行云流水

倒忙，乃至"政治"压力给这场婚事带来的波折等，实质上是展示了一代农民的生活历程。

舞台上，正演到男女主人公"常倒霉"和魏淑兰的"月下相会"一场。这一对中年男女正"月上柳梢头，人约黄昏后"，风清月朗中透出的舒畅、宁静与甜美让所有在场的观众心醉其中。

不到一分钟的戏里掌声就响了五次。坐在我身边的一位老大娘一边看，一边笑，还一个劲儿地鼓掌。这时，我不禁回想起该剧作者齐飞老师告诉我的一件趣事。当初，许昌市演出《倒霉大叔的婚事》，朋友们慕名前来观看，身为作者的齐飞竟然买不到票，让他们失望而回。其火爆程度可见一斑。也正是这出戏，为豫剧演员赢得了第一座中国戏剧"梅花奖"的奖杯。

【常】月光下我把她仔细相看，只见她羞答答低头无言。看打扮她有一手好针线，早闻知编织上手艺不凡。侯圈他可做了好事一件，我心里好像那个扇子扇。

【魏】这个主他看人咋这样死眼，说不定是一个老实玄。抬头看月西移越来越晚。

【常】下决心要娶她魏淑兰。

两个多小时的戏很快就演完了，我大致数了一下，一场戏下来，全场掌声、笑声竟多达八十多次。一出演了十几年的现代戏，依然有这么旺盛的生命力，不禁让我们有了几分感叹和思索，戏散场后，我拨通了齐飞老师的电话。

齐飞老师告诉我："当时在创作现代戏的时候，我就说，本人不才，很可能写不出传世之作，但是能够力求写出一台传时之作，也就心满意足了。一台现代戏能演十几年，为什么它有那么长的生命力？北京专家很突出的评价就是比较鲜活。头一个是时代特点鲜明，二一个是人物特点鲜活，另外主题比较新鲜，语言更鲜灵……"

夜深了，回到家中的我辗转难眠。窗外，夜凉如水，秋意无边。可我躁动的心却难以冷静下来。我披衣起床，拧亮书桌上的台灯，在昏黄的光圈下写下了内心的感悟："有人说，中国的戏曲就像陈年的老酒，越品越有滋味。那么，台前幕后的戏曲工作者就是酿制这坛陈年老酒的工匠。无论是传时之作还是传世之作都凝聚了他们的汗水和泪水。而我，作为一名戏曲编辑，一个广播人，又该怎样去面对这坛陈年芬芳的老酒，又该如何使更多的人在品味这坛老酒的同时，用心地去读她的故事，去感受她的喜怒哀乐，领略她独特的韵味呢？我第一次感到了身为一名戏曲编辑的重任。而这重任，我可能要背负很久、很久……"

2000年7月18日
地点：大录制间
录制豫剧现代戏《老子·儿子·弦子》

以往，一提起农村题材的关于赡养老人的剧目，人们的传统印象就是《墙头记》。然而，郑州市豫剧团推出的《老子·儿子·弦子》却另辟蹊径，讲的是两个儿子争着孝敬父亲，还制订了"科学养爹"的计划。谁知物质上的丰裕却替代不了老人精神上的空虚，住在别墅里的老爷子想念的却是伴随他一生的弦子。

我没想到，演员在演唱的时候是如此的投入。前一刻还和我有说有笑的张海龙，一听到前奏，立刻就变成了弦子老艺人赵铁

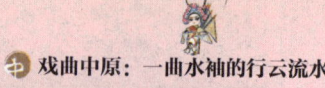

戏曲中原：一曲水袖的行云流水

贤。唱到动情处，我似乎还看到了灯光折射到的他眼角的泪光。他把自己对戏曲的依恋和热爱都投入到了自己酣畅淋漓的演唱中了。而戏曲对于他，就像伴随赵铁贤一生的那把弦子："悲也歌来喜也歌，风雨辗转岁月过。"

《老子·儿子·弦子》选段"骂声娃子少撒泼"立意新颖、选材新巧，可以说是《老子·儿子·弦子》这出戏成功的关键。这个由弦子而引发的父子之间令人啼笑皆非的故事，一经推出就让人耳目一新，获得了中宣部"五个一工程"奖、2000年度"文华奖"，还被改编为电影《我爱我爹》，受到了戏曲评论家和观众们的一致好评。许多老年人看过这出戏后都说这出戏"唱出了自己的心里话，应该让自己的孩子也来看看"。

我慢慢地合上了工作手记，一股别样的情感渐渐袭上我的心头。从事戏曲工作时间越久，我越发现自己对戏曲的依恋和沉醉。

而有着同样情感的又何止我一个人呢？几年来，在我采访过的人群中，无论男女老少，一提起和戏曲的情缘，有哪一个不是情有独钟、痴心不改呢？

从1995年到现在，我从一个对戏曲一无所知的"门外汉"，逐渐成长为一个合格的戏曲编辑。河南豫剧现代戏从50年代的《朝阳沟》，到80年代的《倒霉大叔的婚事》，再到90年代的《老子·儿子·弦子》，走过了半个世纪的漫漫征途。优美动听的唱腔、鲜明的时代特色、新颖的选材不仅仅是这三部戏的特点，同时也浓缩了河南豫剧现代戏的独特魅力。我把我的感受告诉了原河南省剧协副主席荆桦老师，而他的看法又使我有了新的感悟。

荆桦老师说："总的说来，我认为现代戏要是讲字的话，是六个字：求新、求美、求真。求新，反映新生活有新见解，有新的意蕴、新的主题；求美，从语言、表演形式上给人以美的陶冶，给人以美感；求真，既要来源于生活真实又要把它变成符合生活逻辑的艺术真实。求新、求美、求真，具有时代特色，是演现代戏或者创作现代戏必不可少的要素。"

说得多好啊，求新、求美、求真。河南豫剧现代戏是如此，我的戏曲编辑工作不也需要如此吗？时代在前进，河南豫剧现代戏在发展，我也在不断成长。相信在我以后的职业生涯里，一定会看到更多更好的豫剧现代戏，而我的工作手记也会越记越厚、越记越多。那缠绕在字里行间的戏曲情缘也会越来越长、连绵不断……

戏————迷————乐————园

笑品《三哭殿》

刘建民 | 文

夏夜，月牙弯弯，蝉鸣声声，依旧是燥热一团。此时，偌大的广场上挤满了观戏的人群，黑压压的，簇拥着戏台，虽然没有了昔日打谷场上麦秸的清香，却从不远处的公园里飘来淡淡的女贞花香。当吹拉弹奏的家伙什儿响起来时，一度喧嚣的声浪戛然而止，于是，《三哭殿》里的人物便一一粉墨登场。

豫剧《三哭殿》这出戏以一种别样的方式和悬念，一开场便抓住了观众的心。昔日，帝王们总爱给为人臣者出难题，以此为乐，不承想，这里的皇上亲外孙却给他心爱的皇帝外公出了一道"难题"，看看他解这道题是用"家法"，还是用"国法"，抑或还是什么别的法。呵呵！看到这里，我偷着乐了。

当李世民这位贤明之君接到这个"难题"时，顿时就被雷到了，或者说差点儿没背过气去，其嫡亲外孙出的题可不是什么"树下一个猴，树上骑个猴"的脑筋急转弯，而是单项选择题，做错的话，就不是听到一声"没关系，下次认真点儿"这样简单的回答了，而是要面临一个最大的尴尬境地：御外孙将自己的新国丈打死了！唐王暗叹："好外孙！是欲将孤王爷爷置于炉火上烤耳！"

唐王一下就被推到了风口浪尖上，或者说顿时成了一个跷跷板的支架，一头是新丧父亲、杏眼圆睁、志在报仇的贵妃娘娘，而另一头却是杀人者的公主母亲及后台外婆长孙皇后，唐王夹在中间，这个郁闷、这个着急呀，真是火烧火燎、五味杂陈，不知损伤了多少脑细胞。虽说国丈他有恃无恐、恣意妄为、为非作歹、横行霸道惯了，但他也太没眼力见儿，竟然引火烧身。

【作者简介】

刘建民，河南三门峡人。中学教师。

那秦英岂能小觑？虽为少年，却是出生在皇亲帝胄之家，其母为真龙天子的女儿，其外婆乃当今国母，那种生来的优越感造就了他"浑身是胆雄赳赳"的傲气，结果，骄横跋扈的国丈毙命于秦英之手。一场皇亲国戚之间的争斗而引发的政治地震终于在皇宫里掀起了轩然大波。

看到这里，我又乐了，编剧真好手段！构思的皇宫内的内部冲突矛盾竟是如此尖锐和奇特。

于是，围绕着"杀秦英"与"保秦英"两大命题，两股势力在李世民的皇宫大殿里展开了"论辩"。一边是"回眸一笑百媚生"的贵妃，一边是共过患难、伴君打下基业的皇后及他们的女儿；一边是云鬓不整、脂粉不施、梨花带雨、泪眼婆娑的得宠妃子，一边是正宫娘娘及龙生凤养的公主。贵妃哭其父已经被杀，公主哭儿子即将绑赴刑场，皇后哭其外孙遭此不测，宫廷里哭作一团，博弈也好，角逐也罢，令作为"裁判"的唐王李世民左右为难。

正是贵妃怒气生，后果很严重；公主一发威，后果更严重。然而，宫殿里的哭声并没有使李世民晕头转向，经历战争和"玄武门之变"磨炼的李世民，不愧为彪炳史册的一代明君，缓过神儿来，就把帝王之术在宫里玩得出神入化，显示出高超的政治智慧来。琢磨一下：用"家法"吧，秦英死不成，贵妃不答应；用"国法"吧，秦英活不成，皇后得拼命；看来都不能用，那只好用"乾坤假设挪移大法"了。

于是，唐王李世民"眉头一皱，计上心来"，他"撩龙袍，近前去，好话多讲，唤一声贵妃娘娘，王与你商量商量"，开始做贵妃的思想工作，开导起贵妃来了。他晓之以理，动之以情，无非是如果什么什么，结果什么什么云云，上纲上线，将一刑事犯罪事件置身到国家安危

的大背景之下。

贤贵妃,你想,一个杀人犯倒下去,那么就会激起千万个"杀人犯"站起来,那可是如狼似虎的守边将士啊,你寒了他们的心,他们就会挥舞着寒光闪闪的刀剑表明他们悲愤的心情,杀奔长安而来。今天敢杀守边的秦驸马的儿子,那我们一般将士的生命不是更是如同草芥吗?晚反不如早反,反了吧!贵妃啊,那你就不再是"受害人"了,而是"害国者"了,到那时,可是人人得而诛之的呀,孰轻孰重呢?自己掂量吧。

贵妃默然,事情搞定。李世民成功地调解了宫廷恩怨纠纷,看来很具有"金牌调解员"的潜质。于是,一桩棘手的有关杀人偿命的家务事就改变了性质,变成了稳定江山社稷的国事了,自然贵妃娘娘就俨然成了深明大义、顾全大局的国之贤良。其实,贵妃心里明镜似的,虽然自己是合法的身份,贵妃在皇帝那里是个宝,但在皇后娘娘及公主那里算是哪道菜呢?皇帝不能一直罩着自己,没准儿,哪会儿不小心就会在黑地里挨一板砖什么的。其实,如今那些贪官们包养的"二奶"也有类似的情结。

一个是外戚,一个是内亲,孰轻孰重?俗话说:"打断骨头连着筋。"李世民自然也是懂得的。最终,原告主动撤诉,被告相安无事。李世民不徇私情,公正公平,也落下美名。一桩宫廷闹剧,最终被高明的君王以堂而皇之的理由摆平了。秦英那小子对他那皇帝外公佩服得五体投地,悄悄地给他打了120分。呵呵!我又乐了。只不过在那个时

代,没有制度的制约,没有制度的保证,根深蒂固的封建等级秩序难以撼动,仅凭一两个贤明之君,能解决多少这样的纠纷呢?比较起来,还是隋文帝麻烦事少些,独孤皇后牢牢控制住皇帝,不让皇上宠幸他人,然而毕竟少见。

其实,在封建时代,皇家的姻亲总是和政治捆绑在一起的,是没有纯粹的自由可言的。说起来,我不禁同情起帝王家的儿女来了,他们虽说是"龙生凤养"、娇生惯养,一直被皇权的金环笼罩着,然而有时却连撒娇、任性的自由空间也被政治挤占了去。比如另一出戏《打金枝》也是如此。无怪乎,许多帝王之家的儿女感叹:来生不愿再生于帝王之家。在某种情形下,贵妃命运也是如此。

戏曲小舞台,人生大智慧。戏罢人散去,余音犹在耳。透过《三哭殿》这出戏,我们分明感受到帝王的政治智慧不同凡响,也感受到帝王在调和、处理封建等级秩序和国家法律矛盾关系时,在没有制度保证之下,皇权的诸多无奈和苍白。想着,品着,一丝笑意爬在脸上,好戏偶有所得,心中自然畅快。

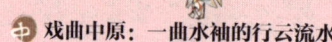

人也留来地也留的《朝阳沟》

郭良正 | 文

【作者简介】
郭良正，笔名"东壁逸人"，河南泌阳人。中国化工作协会员，鲁迅文学院学员。发表作品一百多篇，并有作品入选年选本。出版有小说作品集《中山街往事》和长篇小说《山雨欲来风满楼》等。

40岁以上的人，对银环这个人物形象都有或多或少的记忆，时间愈长，还会历久弥新。多年前培养成的"银环丝"群体，一点儿也不逊色于当今青春偶像剧的追随者们。像我这等"银环丝"，不说对银环达到"明察秋毫"的程度，起码对她的言行举止、音容笑貌、喜怒哀乐都是烂熟于心的。

《朝阳沟》最初的热演，发生在被激情燃烧的上个世纪50年代末期，那时我还没出生；当《朝阳沟》再次如春潮般席卷全国的时候，我已是情窦初开的翩翩少年了。

清楚地记得，在1978年春天的一个下午，我徜徉在故乡连绵十余里的梨园里，素花入目，淡香四溢，沁人心脾，心旷神怡。正当我陶醉在这赏心悦目的花海中时，一缕天籁之音飘然而至，和着乐曲此起彼伏的，是男女声独唱、对唱和混唱相结合的柔美腔调："走一道岭来翻一架山，山沟里空气好实在新鲜……"

我愣住了，屏息凝神细听。这和以往常听的具有英雄主义气质的京剧相比，竟是如此的不同呀，戏腔入耳，有种直抒胸臆、酣畅淋漓的痛快感。后来才知道这就是俺土生土长的豫剧，也叫"河南梆子"。当我被入心入肺的听觉感染后，寻找着由唱词所展现出来的画面和我眼前现实的契合点：山区、春天，这些都不错，能够情景合一。不同的是，我是单枪匹马一人，孑然独行在春山，那里却是有说有笑的群体。在热闹非凡的氛围里,我似乎看到那个"在这里一辈子我也住不烦"的银环,用清澈见底的眸子正向我表白呢。于是,我陶醉了,我向往了,我沉迷了。只听其音未见其人的艺术情景,奠定了我多年来对银环的心仪。

那次沐浴梨花园,旷野听收音机播放戏的机遇,开启了我热衷《朝阳沟》,并钟情银环的序幕。

那时已经到了改革开放初期,人们也该敞开心扉过日子了。

"唱着过"已成为现实,所以,在我的记忆中,那时唱戏机会特别多,谁家结婚、生孩子,唱戏;谁家学生考上了大学,唱戏;就连谁家的母牛产下了一个小牛犊,也要唱戏。唱戏必是《朝阳沟》,这就给了我无数次的享受机会。当时的年龄段是品评不了多少艺术特质的,反正是看了心里高兴、通身舒坦,达到这个效果就行了。

我也时常把戏里戏外暗自对比。家乡的山也是山,咋没朝阳沟美呢?俺村也有下乡知青,她咋没有银环好呢?越对比心里越不平;越不平,越发觉得朝阳沟景色好、银环的好处多。即使银环生气耍脾气时,都有说不出的美感。到了这步田地,说不爱银环,那都是假的。于是呀,银环就成了我的梦中情人,或者说,她的形象气质就成了我的择偶标准。

说句实在话,现在已年近半百的我,虽说看不出些许娇态,但在年少时,却是女孩气十足。为此,音乐老师臧富丽教我《人也留来地也留》煞是下了一番苦心。我也不负她望,把下山时多愁善感的银环表现得惟妙惟肖。懂戏的人都知道《银环下山》是八分钟的戏,也就在这八分钟里,几乎浓缩了全剧内容。随着唱词的表述,银环是满腹惆怅、亦步亦趋、欲走还留、郁闷彷徨、惆怅

戏曲中原：一曲水袖的行云流水

哀怨、一咏三叹、难走难离、左右为难，矛盾至极的银环是多么让人怜爱呀。还有比这更打动我心的吗？没有，确实没有，除了银环，一切免谈！

戏唱到这个时候，拴保该出场了，一腔激扬的"银环同志你且停步"拉开了"新十八相送"的帷幕。"嘈嘈切切错杂弹，大珠小珠落玉盘"的各自表白，把两个人的心再一次拉近。新的转合已经形成，由此强化了前面"人也留来地也留"的意境，随之而来的余音袅袅，在回应着"朝阳沟好地方"的主体旋律。

《朝阳沟》出版中外版本有二十多种，并被选入《河南新文学大系·戏剧卷》，她的艺术成就，得到了观众和专家的一再首肯。我深深体会到，《朝阳沟》是一个艺术的高地。艺术的高地从生活中来，剧作者杨兰春曾说："戏中的老支书、拴保娘、二大娘的语言，都是从群众生活中来的。剧中银环的人物原型叫赵银环，就在今天的河南登封的朝阳沟村，当时她只有十五六岁，劳动好又懂事，我用了她的名字，事件不全是她的。'拴保'是我老家（河北省武安市）一个青年的名字，戏中故事不是他的。"为了这个戏，杨兰春还走访了十几位下乡知青，依据多年的生活积累，待时机成熟，他便有感而发，将生活、思想和感情融化在一起，于是，一个个栩栩如生的艺术形象便诞生了，并展现在了观众面前。

《朝阳沟》是一出常唱常新的生活戏，听众会产生能够从中找到自己或找到自己在戏中位置的观感，达到了"人从戏中来，又到戏中去"的轮换，这个轮换把观众的共鸣腔给找到了。正因为如此，才使得观众们对该剧耳熟能详，达到百看不厌的地步。

剧作者杨兰春老家在河北省武安市列

江村，他生前又多次在河南省登封市战斗、工作、生活和采风。两地都是他艺术创作的源泉，艺术的场景和人物对两地都有涉猎。可以毫不夸张地说，豫剧《朝阳沟》如同他的作者一样，在河北和河南有着两个家。也正因为如此，《朝阳沟》的诞生地登封市曹村、杨兰春的诞生地武安市列江村，先后都把原村名改为了现村名——朝阳沟村。随后命名的戏中人物故居、景区、饭店、纪念品、节庆等品牌也都随之而来。这些都受惠于杨兰春笔下的《朝阳沟》。是呀，戏剧《朝阳沟》魅力的进一步升华，造就了"后朝阳沟时代"的文化延续。

《朝阳沟》是我的心头戏，我时常在看、在听，偶尔也唱；银环是我的一位艺术情人，她让我时常牵挂和怀恋。艺术情人青春永驻，她让我不得不时常对她顾盼，以至于流连忘返。

逝者如斯，《朝阳沟》已走过了五十多年风雨历程。第一代银环扮演者魏云，打造了永恒的银环魅力，可惜，斯人已去，《朝阳沟》黯淡了些许日子。后来虽说继任演员粉墨登场，但总找不到原汁原味的感觉，值得庆幸的是，实力派青年演员杨红霞继任后，又激活了银环的偶像风采。虽说我已不再年轻，但戏瘾还是与日俱增的，于是，我如同跟屁虫一样，时刻在追随着"大步跑来小步走"的那个人。说句玩笑话，到底追的是杨红霞，还是王银环呢，我倒有点庄周梦蝶的感觉了。

银环的原型已进入老龄段，银环的艺术形象也年逾半百，但她在我心目中永远走不出清纯、朝气、蓬勃、端庄、善良、美丽和大方的范畴，这就是令我怀恋的根本原因之所在。于是，在这里我只得借用一句歌词，来表达我对银环的态度——爱你一万年。

敬启

在本书编辑过程中,我们经多方努力,未能找到一部分作者的联系方式。

我们尊重作者的权益,为此预留了稿酬。见书后请即与本丛书编委会联系。

联系方式:(QQ)2086670494(大中原文化读本)

电子信箱:dzywhdb@qq.com dzywhdb@126.com

另:编委会正在筹备"国风读库"系列丛书,欢迎多多赐稿。约稿详情及样文,请关注"文心出版社"微信公众号(wenxinchubanshe),详细了解。

(欢迎扫码关注)
"文心出版社"微信公众号